ブリュメール18日

革命家たちの恐怖と欲望

藤原翔太

慶應義塾大学出版会

ブリュメール18日　目次

はじめに　5

第一章　ブリュメール派の形成――恐怖政治のトラウマを抱える集団　11
革命前期の展開／一七九五年憲法／総裁政府体制の発足／フリュクティドール一八日のクーデタ／ナポレオンと軍人たち／フロレアル二二日とプレリアル三〇日のクーデタ／改憲派勢力の結集／ブリュメール派

第二章　新体制の設立――クーデタの実行と担ぎ上げられたナポレオン　47
ブリュメール一八日の展開／ブリュメール一八日の正当化／シィエスの憲法草案／主導権を握るナポレオン／一七九九年憲法／人民投票の実施／ポストを得るブリュメール派／ブリュメール・エリート

第三章　地方行政システムの再編――強化された中央集権　75
中央集権的な統治へ／革命期の地方行政システム／地方行政に関するブリュメール派の歴史認識／プリュヴィオーズ法の概要／執行の単一性／行政裁判／地方利益の代表／三層構造の地方行政／地方行政官の任命制／ブリュメール派と地方統治

第四章　選挙制度の改革――安定的な統治を求めて　105
世論に基づく統治へ／制度のしくみ／郡単位の選挙／直接選挙と相対多数／不在者の取り扱い／革命期の選挙制度／制度の理念と思惑／革新的な投票様式／議会での応酬／名士の選出／選挙の実態／ブリュメール派と選挙制度

第五章　安全保障国家の形成――国内外の危機と世襲帝政の樹立　141
クーデタ翌日の首都／クーデタ翌日の地方／匪賊行為の鎮圧／ブリュメール派の軍事作戦／国際情勢の変化／憲兵隊改革／司法改革／特別裁判所の創設とブリュメール派の分裂／世襲帝政への道

おわりに　171

注　177
あとがき　190
関連年表　*3*／索引　*1*

はじめに

「ヘーゲルはどこかで、すべての偉大な世界史的事実と世界史的人物はいわば二度現れる、と述べている。彼はこう付け加えるのを忘れた。一度は偉大な悲劇として、もう一度はみじめな笑劇として、と」。カール・マルクスの『ルイ・ボナパルトのブリュメール一八日』のあまりにも有名な冒頭の一句であるが、マルクスはここで、フランス大統領ルイ＝ナポレオン・ボナパルトによる一八五一年一二月二日のクーデタを、その伯父ナポレオン・ボナパルトのブリュメール一八日（一七九九年一一月九日）のクーデタと対比させながら、伯父を模倣しただけの「小物」が起こしたこの事件を戯画化して、痛烈に批判している。(1)

ところで、著名なフランス革命史家パトリス・ゲニフェイによれば、この二つのクーデタの具体的な展開に限って言えば、マルクスは評価を逆にするべきであるという。一八五一年一二月二日のクーデタでは、各地で激しい抵抗がみられ、それを弾圧するために展開した軍事活動の結果、首都の路上には三〇〇以上の死体が転がり、三万人が逮捕され、二五〇人にカイエンヌへの流刑、一万人にアルジェリアへの流刑が命じられた。それに対して、一七九九年のブリュメール一八日では、当初の計画どおり進まなかったとはいえ、パリでは一滴も血が流れず、地方も比較的平穏にその事件を受け入れたのである。ナポレオン・ボナパルトがエジプトから帰国してからわずか一ヶ月後の出来事であった。こうした歴史的事実に照らしてみれば、むしろ悲劇は一二月二日に起きたのであり、ブリュメール一八日に起きたことは笑劇でしかなかった(2)。

マルクスがこの二つの事件を同じ次元で論じたように、一二月二日のクーデタはブリュメール一八日に対する歴史家たちの評価にも大きな影響を与えることになった。そもそも当時の人々は、ブリュメール一八日の事件を指すのに「クーデタ」という言葉を用いてはおらず、「革命」と呼ぶのが一般的であった。「革命」という言葉は、我々からすると、あまりにもラディカルな変化を指すように思われるが、当時の人々にとってこの事件は、一七八九年以来、フランスが経験した一連の激しい動揺のなかでみられた政治的変化の一つであり、少なくとも、一七九五年憲法（共和暦三年憲法）を破棄し、体制の変化を導いたという意味で「革命」にほかならなかった。そこに否定的な意味合いはなく、危機に瀕した共和国を救うために不可欠な出来事として捉えられていたのである。

確かに、一九世紀になると「革命」という言葉はあまり用いられなくなるが、ブリュメール一八日に対する肯定的な評価は歴史家たちに引き継がれていった。たとえば政治家でフランス革命史家でもあるルイ・アドルフ・ティエールは、ブリュメール一八～一九日の一連の事件とそれ以降を分けて、事件それ自体については共和国を救う有益な企てとして評価しつつ、それ以降、ナポレオンが権力を簒奪していく過程と明確に区別している。要するに、一九世紀前半には、ブリュメール一八日は、リベラルな歴史家からも共和国に対する裏切りとはみなされていなかったのである。ところが、一八五一年一二月二日のクーデタはそうした評価を一変させた。この事件に強い衝撃を受けた共和派は、一二月二日とブリュメール一八日を同一の次元で論じ、後者に革命の否定とナポレオン独裁の樹立をみようとした。文豪ヴィクトル・ユゴーによれば、一二月二日は人々にブリュメール一八日が「非合法」であったことを思い出させ、ナポレオン体制に残された好意的なイメージは完膚なきまでに破壊されたという。以降、とりわけ第三共和政下において、ブリュメール一八日と一二月二日は同じく否定的な性質を持つ事件としてひとまとめに理解され、違法性、暴力性、独裁志向といった意味を込めてついに「クーデタ」と呼ばれるようになった(3)。ゲニフェイの言葉を用いれば、「伯父は甥の犠牲になった」のである(4)。

こうして、ブリュメール一八日のお馴染みの歴史観が作り上げられていった。ブリュメール一八日は権力欲に取り憑かれたナポレオンの野心が引き起こした企てであり、それによる独裁体制の樹立は革命に対する裏切りとして理解された。近年では、さすがにナポレオン体制とフランス革命を真っ向から対立するものとして論じることはほとんどなくなったが、ブリュメール一八日については、相変わらずナポレオンの視点からしか語られていないのが実情である。実際、この出来事はいつもナポレオンの伝記で論じられているのであるから、当然と言えば当然である。しかし、ブリュメール一八日をナポレオンの独裁志向の観点からのみ論じることは、やはり公平ではないだろう。事実、ナポレオンが帰国してからわずか一ヶ月で、しかも無血で体制の転覆に成功したこと自体、この事件がナポレオンの野心だけでは決して説明できないことをよく示している。ブリュメール一八日は、当時の政治的・社会的状況や歴史的背景を踏まえて、多角的に捉えていかなければならない出来事なのである。

本書は、そうした従来の歴史観から距離をとり、別の角度からブリュメール一八日に光を当てようとするものである。すなわち、ブリュメール一八日をナポレオンが個人権力を確立する過程としてアプリオリに想定するのではなく、むしろフランス革命の成果を守るために、改憲派の革命家たち（以下、ブリュメール派）がナポレオンを担いで、権力の座に引き上げた事件として理解することに意義をみいだそうとするものである。これは言い換えると、できるだけ革命家たちの視点に立って、この事件を考察することを意味している。むろん、ナポレオンに権力への野心がなかったと言いたいのではない。ナポレオンが政局の流れを見極める力を備えていたことにも異論の余地はないだろう。しかし、実際のところ、この企てはそもそもナポレオンによる権力の掌握を目的に計画されたものではなかった。近年の研究はむしろ、ナポレオンと彼の協力者たちの共同的な側面を強調している。たとえば、イザー・ウォロックはそれを「共同事業（joint venture）」と呼んでいるし、ティエリ・レンツは、ブリュメール一八日以後に創設された近代的諸制度の成果は、ナポレオンを取り巻く「統領政策集団（équipe consulaire）」に負うべきものであったとしている。ハワード・ブラウンもまた、ブリュメール一八日ののちに作られた新たなシステムは、幅広い政治エリートの合意の産物であったと主張しているのである。(5)

このような視座は、ナポレオン体制とフランス革命の関係についても再考を促すはずである。従来、ブリュメール一八日はいわば、フランス革命にとって「断絶」を画する事件として理解されてきた。しかし、ブリュメール一八日が革命家たちによって革命の成果を守るために主導された事件であるならば、そして実際、新体制の設立において革命家たちの果たした役割が大きいとすれば、ナポレオン体制とフランス革命の関係はより一層複雑なものであった可能性があるだろう。ナポレオン時代に創設された諸制度にナポレオンの独裁の意思のみを読み取るのではなく、むしろブリュメール派の政治的な思惑を明らかにしなければならないのである。当時の政治的・社会的状況を踏まえて、できるだけブリュメール派の視点からこの事件をより現実に即して理解することが、本書の目的である。それはすなわち、革命期に生み出された民主主義を思いどおりに制御できなかった革命家たちが、まさにその民主主義のなかから権威主義体制を形成していく具体的な過程を明らかにすることなのである。

第一章　ブリュメール派の形成
——恐怖政治のトラウマを抱える集団

革命前期の展開

ブリュメール一八日に関する研究の多くは、一七九五年憲法によって創設された総裁政府体制に内在する制度上の欠陥にクーデタの要因を求めてきた。確かに近年、歴史家たちによって総裁政府期の見直しが進められ、総裁政府体制の歴史的意義が再評価されつつある(1)。実際、総裁政府は発足当初から崩壊が既定路線であったと主張することは難しくなってきている。しかし、それでもやはり、なぜブリュメール一八日が生じるに至ったかを理解するには、総裁政府体制の制度的特質とその背景にある国内外の政治的・社会的状況を検討しなければならない。

まずごく簡単に革命前期の展開を概観しておこう。一七八九年に勃発したフランス革命において、重要なアクターとなったのがブルジョワである。一八世紀に経済的に成長した彼らは、当初、売官制を通じて貴族になることを夢見ていた。具体的には、数世代保有すれば自動的に貴族に叙せられる官職や、あるいは一挙に授爵を伴う官職を購入することで、貴族身分に近づく上昇コースを辿りつつあったのである。しかし、ブルジョワの人口が増加するのに比して、貴族身分への社会的上昇の可能性はそれほど増えなかったので、一八世紀後半になると彼らは不満を高めていった(2)。

そうしたなか、王権の課税問題に端を発して、特権身分に対する不満が爆発した。ブルジョワにとっては、身分制度を廃止して、自らの富と能力に見合う地位に就くことが何よりも重要であった。こうした態度に、能力主義に基づく王権改革を主張していた一部貴族（自由主義貴族）らが同調して一つの勢力をなし、初期の革命を主導していった。そのため、彼らの多くが目的を達成すると次第に保守化して、革命を終わらせることに傾斜していったのは当然と言える。しかし、革命の複合的な性格は革命を終わらせる方向に働かなかった。反革命勢力の存在、ヴァレンヌ逃亡事件を契機とした王権の失墜、対外戦争の勃発、ブルジョワジーとは利害を異にする民衆層の圧力は図らずも革命を急進化させていった。結局、国内外の危機に対処するために権力の集中化が求められ、一七九三年一〇月、マクシミリアン・ロベスピエールを中心とする革命政府が成立した。ところが、いったん危機が緩和すると、ロベスピエール派による処罰を恐れた議員らが中心となって一七九四年七月二七日にクーデタを決行した。いわゆるテルミドール九日のクーデタ（図1-1）であり、それを主導した人々はテルミドール派と呼ばれている。

図１－１　テルミドール９日のクーデタ

もともとテルミドール派は、ロベスピエール派に対する反発を除けば、共通の展望をもつ集団ではなかった。しかし、彼らはまもなくロベスピエール派の代名詞であった「恐怖政治」を批判し、経済的自由化に舵を切った。最高価格法が廃止されると、食糧価格が高騰し、パリでは「パンと一七九三年憲法」を求めて民衆が蜂起したが、テルミドール派は軍隊を用いてこれを容赦なく弾圧した。こうしてテルミドール派は民衆運動とそれに同調するネオ・ジャコバン（左派、急進共和派）から明確に距離をとった。

その一方で、テルミドール派はその反動で反革命勢力が盛り返すことにも警戒しなければならなかった。彼らはあくまで革命の成果の保持を望んでいた。実際、一七九五年六月二四日、ルイ一八世は亡命先のヴェローナで君主制と領主権を再建し、国王弑逆者《しいぎゃくしゃ》を厳しく処罰し、国有財産を聖職者と貴族に返還させると宣言していた。さらにその二日後に、イギリスの資金提

図１－２　フルニエ・デ・ゾルム《フェロー議員の首にお辞儀するボワシ・ダングラ、共和暦３年プレリアル１日》

供を受けた反革命亡命者たちのフランス上陸作戦がブルターニュ半島南東部で決行されたことは（キブロン事件）、王党派（右派、絶対王政派と立憲君主政派）に対するテルミドール派の態度を硬化させた。その結果、テルミドール派は左派とも右派とも距離をとりながら、政権の舵取りをしなければならなかった。(3)

そのような状況下で、テルミドール派は新憲法の制定に取り掛かった。一七九五年四月、一一人委員会（ピエール＝クロード＝フランソワ・ドヌー、ボワシ・ダングラ、ルイ＝マリー・ド・ラ・レヴェリエール・レポーら）が任命され、まず革命政府下で施行されていなかった一七九三年憲法の改正が検討されたが、前述の民衆運動を受けて、同憲法の廃止と新憲法の制定が決定された（図１－２）。一七九三年憲法は、成人男子の直接普通選挙や、法律の制定に国民が直接関与できる直接民主政的な制度が採用されていたので、あまりにも民主的に過ぎるとして拒否されたのである。新憲法は革命の原理を確立し、共和政を完成させたうえで、革命を終わらせるものでなければならなかった。一七九五年八月二二日、国民公会で一七九五年憲法が採択され、一〇月二六日、議会は解散し、総裁政府体制が発足した。

一七九五年憲法

これまで多くの歴史家が総裁政府体制には生まれつきの欠陥があることを指摘してきた。彼らによれば、総裁政府体制の崩壊は一七九五年憲法の避けがたい結果であった。その崩壊が総裁政府体制に内在する制度的欠陥のみを原因としていたかについては議論の余地があるとしても、のちに形成されるブリュメール派は、少なくとも同憲法では革命を終結させることができないとして、それを見限ったのである(4)。

一七九五年憲法の目的は何よりも、民衆運動に対する警戒から、直接民主政への道を完全に閉ざすこと、そして革命独裁の反省から、あらゆる権力集中の可能性をあらかじめ排除することであった。まず市民権は、「満二一歳以上で、公民簿に登録されており、一年以上継続してフランス共和国に居住し、何らかの直接税を払っているすべての男性」に認められた。したがって、かつて一七九一年憲法でみられた能動市民と受動市民（政治的主権を行使できる者とできない者）の区別はなく、投票年齢も一七九二年八月のそれが引き継がれた。有権者の総数はおよそ五〇〇万人と想定され、革命初期に制定された一七九一年憲法（有権者およそ四三〇万人）に比して市民権の制限はより緩やかであった。しかし、民衆層に対する不信から、一七九三年憲法で予定されていた直接選挙はもはや支持されず、二段階選挙制度（間接選挙）が維持された。被選挙権に関して言えば、二次選挙人に選出されるには二五歳以上で一五〇～二〇〇日分の賃金に相当する不動産を所有していなければならないとされた。その結果、せいぜい一〇〇万人の市民にしか被選挙権は付与されず、有産者寡頭支配的な性格が強まった。一七九一年憲法では被選挙権を有する市民が二五〇万人だったことを考えると、かなり厳しい規定であったことがわかる。そのうえ、フランス全土で二次選挙人はおよそ三万人しかいなかったので、事実上、有産者のみが選挙を介して政治に影響を及ぼすことができたことになる。(5)

憲法作成者の一人、ボワシ・ダングラは、新憲法草案を提出する際の演説でこう述べている。

我々は最良の人々によって統治されなければならない。最良の人々とは、最も教育があり、法の維持に最も関心を持つ人々である。（中略）すなわち、財産を所有するがゆえにその財産が存在している国とその財産を保護する法律、その財産を維持する安寧とに結びつけられている人々である。そうした人々は、その財産とそれが与える裕福な生活のおかげで教育を受けることができ、その教育によって彼らは、祖国の運命を決める法律の長所と欠点について明敏かつ公正に討議することができるようになったのだ。（中略）財産所有者によって統治される国は社会秩序のなかにあり、非所有者が統治する国は自然状態にある。[6]

ボワシ・ダングラに代表されるように、テルミドール派は有産者による統治を実現し、社会秩序を再建することを何よりも望んでいた。彼らにとって、市民権の制限や間接選挙は、富と教養が等しく分配されていない社会において、秩序再建の現実的な方法であった。実際、市民権の制限も間接選挙も革命の初期には異論なく導入されたものであったから、彼らとしてはその後の革命の行きすぎを反省し、当初のあるべき姿に戻そうとしたのである。

同様に、一七九五年憲法では革命独裁の反省からあらゆる権力の集中を避けることが意図された。まず立法権力では、初めて議会が二つに分けられた。革命の当初、世襲王権が残存していた際にはそれに対抗するために議会は一つであったほうが力を集結できた。しかし、王権が消失して以来、議会の行動に歯止めがかからなくなったことで、結果として革命独裁に至ったのだと、テルミドール派は考えた。五百人会（二五歳以上、五〇〇人）は下院を形成し、法案を提出できた。法案を審議し、採否を決定するのは元老会（四〇歳以上、二五〇人）に委ねられた。議員は毎年三分の一ずつ改選された。これも熟慮から生まれた制度で、一方では議会の独裁に至らないため、他方では議員の一定の継続性を保持することで急激な変化を引き起こさないようにするためであった。

執行権力は五人の総裁からなる総裁政府に委ねられた。執行権力が個人に集中するのを避けるために、集団指導体制という革命の原理が採用された。総裁を選出するのは議会であり、五百人会が選出する総裁の人数の一〇倍の名簿を作り、そのなかから元老会が選出した。総裁に選ばれるには四〇歳以上でなければならず、議員は任期中あるいは任期満了後の一年間は総裁に選ばれることはできなかった。総裁は毎年一名ずつ改選され、退任した総裁は五年間を置かなければ再選されなかった。総裁政府は政治の基本方針を決定するのを任務とした。ただし、各総裁は単独でそれを決めることができず、合議制が採用された。また、執行権力の強大化を警戒して、総裁政府には法案提出権が認められず、単に五百人会に議案を提議することしかできなかった。さらに、総裁政府は法律を停止することも、議会を解散することもできなかった。一方で、議会は総裁を罷免する権限を持たなかったので、議会と政府が対立した場合には機能停止に陥る可能性があった。むろん、憲法の規定に従って、毎年、議会と総裁の一部改選を続ければ、いずれこうした事態も解消されることが予想されるが、しかし緊急性を要する問題に直面した場合には、即座の解決は不可能であった。[7]

厳格な権力分立を特徴とする一七九五年憲法に対しては、当初から、テルミドール派内でも不安や批判がみられた。エマニュエル＝ジョゼフ・シィエスはより強化された執行権力を望んでいたし、その作成に携わったドヌーでさえ、将来、何らかの問題が生じるかもしれないと考えていた。事実、「シーソー」と揶揄されるその後の政治展開は、彼らの不安を現実のものとし、改憲派勢力の結集へと向かわせることになる。[8]

なお、地方行政に関して言えば、総裁政府体制はその権力分立のイメージからそれ以前の体制に比して地方分権化を推し進めたとする研究がかつてはみられたが、それは事実ではない。県レヴェルでは、選挙で選ばれた五人のメンバーで構成される県中央行政が設立されたが、革命政府下に廃止された県行政会議は再建されなかった。大都市（とりわけパリ）は、政治的自治の抑制を目的にいくつかの区に分割されたが、それに対し農村コミューンには固有の行政当局は設置されず、小郡行政当局のもとに集められた。それまで県と市町村の中間に置かれていたディストリクト（郡）は廃止され、県と小郡の二層構造が採用されたのである。また、県中央行政と小郡行政当局には、総裁政府執行委員が置かれ、政府による業務の監視が強化された。さらに、総裁政府は必要であれば、県または小郡の行政官を罷免することができ、次の選挙まで臨時行政官を任命することができた。実際、選挙が思いどおりにいかない場合、総裁政府は繰り返しこの手段に頼ることになった。

総裁政府体制の発足

総裁政府体制の船出は厳しいものであった。不運にも、一七九四〜一七九五年の冬は一八世紀で最も寒さが厳しく、全国各地で食糧不足が生じ、一七九六年には各地で異常に高い死亡率が記録された。そのうえ、長引く戦争のため経済活動も不調のままであった。テルミドール派は、一七九二年以来、国民公会に居座りつづける自分たちが、国民から嫌われていることをよく理解していた。彼らは選挙で議席を失うことを恐れていた。さらに、新たな制度が新人議員の手に委ねられることで、政治的な混乱が生じることも危惧された。そこで一七九五年八月一八日、国民公会は三分の二法令を可決した。同法令では、両院議員合わせて七五〇人のうち、最初の選挙に際し、その三分の二は現職の国民公会議員で占めなければならないと規定された。これにより、左派のネオ・ジャコバンや右派の王党派の進出は抑制されたので、引き続き中道派が議会多数派を形成することができた。ドヌーによれば、同法令には、政治家に変化をもたらさないことで「革命を止める」ことが期待されていたのである。(9)

それに対して、王党派のうちとくに立憲君主政派は次の選挙での勝利を目指していたので、強い不満を抱いた。三分の二法令は、一七九五年憲法が人民投票にかけられる際に別個に投票に付されたが、賛成票およそ二〇万票に対して、反対票が一〇万票にのぼるなど、人民投票においては異例の反対の多さを記録した（一七九五年憲法は賛成一〇五万七三九〇票、反対四万九九七八票で成立）。

そうしたなか、パリで三分の二法令に対する不満が高じ、一〇月五日（共和暦四年ヴァンデミエール一三日）に蜂起が生じた。いわゆる「ヴァンデミエール一三日の蜂起」である（図1－3）。王党派の蜂起とも呼ばれるが、それに加わった民衆の多くは、即座に王政復古となることを望んでいたわけではなく、本来なら恐怖政治の責任を負うべきテルミドール派は排除されるべきと要求していた。この蜂起鎮圧の最高責任者を務めたのが、その後、総裁に選出されるポール・バラスであり、副官として現場で指揮をとったのがナポレオン・ボナパルトである。蜂起の軍勢およそ二万五〇〇〇に対し、政府軍およそ五〇〇〇と数のうえでは劣勢であったが、ナポレオンは市街地で大砲を発

図1－3　ヴァンデミエール13日の蜂起

射するなど、容赦ない弾圧を繰り広げ、政府軍が圧勝した。これを機に、ナポレオンはパリ社交界で名を馳せるようになった。

パリでの蜂起が失敗に終わると、三分の二法令に従って、議会選挙が実施された。有権者によって自由に選出された三分の一の議席は、ほぼ王党派で占められた。再選した元国民公会議員もほとんどが穏健共和派で、かつて国王の処刑に賛同した「国王弑逆者」はわずかであった。急進共和派のネオ・ジャコバンは敗北した。一〇月に新議会によって最初の総裁が選出された。王党派の進出に危機感を抱いた穏健共和派は左寄りの選択をした。シィエスも選ばれたが自身の憲法草案が採択されなかったことに不満を覚えて就任を辞退した。結果、反教権主義者のラ・レヴェリエール＝レポーを筆頭に、バラス、ジャン＝フランソワ・ルーベル、エティエンヌ＝フランソワ・ルトゥルヌール、ラザール・カルノーが選出された。

こうして、総裁政府体制が発足した。三分の二法令のおかげで、議会ではさしあたり体制支持派が六割近くを占めた。しかし、パリでの蜂起や選挙での王党派の進出は、将来を危惧させるものであった。ただし、王党派が一枚岩だったわけではない。ルイ一八世に従い革命の原理への一切の妥協を拒む絶対王政派と、当面は合憲的に議会進出を図り、将来的に立憲君主政の再建を望む立憲君主政派に分裂していたのである。後者には、当初革命に賛同したオルレアン家に希望を見出す者もいたが、ルイ＝フィリップはいかなる政治的役割も果たそうとはせず、一七九六年に渡米した。また、南仏では白色テロが猛威を振るい、フランス西部ではフクロウ党（王党派）の蜂起が慢性的にみられた。しかし、多くの住民はカトリック教会への愛着や都市民に対する敵意といった独自の理由でそれに加わっており、必ずしも反革命を望んでいたわけではなかった。そこで、立憲君主政派は憲法によって認められた出版の自由を駆使して、合法的に権力を掌握しようとした。彼らは一七九七年春の議会選挙に向けて、パリのクリシー・クラブに結集し、主要な地方都市にも支部を設立していった。それは一七九七年選挙の大勝利へと結実する。(10)

右派の勢力拡大に直面し、総裁政府は左派のネオ・ジャコバンに接近した。テルミドール九日のクーデタ後に排除され、最初の選挙で敗北したネオ・ジャコバンは、一七九三年のジャコバンほど一貫したイデオロギーや政治結社のネットワークを持ってはいなかった。そこで総裁政府は右派とのバランスをとるために、ジャコバン・クラブ（パンテオン・クラブ）の復活を黙認したが、このグループは次第に勢力を強めていった。実際、クラブで影響力を強めたフランソワ・ノエル・バブーフらは有産者寡頭支配に反発し、総裁政府体制の転覆を目論んだが、事前に計画がばれて失敗に終わった。その結果、総裁政府とネオ・ジャコバンとの協調関係は終わりを告げた。バブーフ陰謀の失敗後、重要な戦術転換を強いられたネオ・ジャコバンは、一七九五年憲法の枠組みを認めたうえで、合法的運動へと舵を切ることになった(11)。

総裁政府は右派・左派両方への睨みを利かせながら、中道政治を実現しなければならなかった。両派がともに合憲的枠組みを受け入れ、選挙活動を展開するなか、総裁政府が生き残る手段は選挙に勝つことであった。

フリュクティドール一八日のクーデタ

総裁政府体制の特徴の一つは毎年の選挙である。しかし、革命独裁の反省から作り出されたこの制度は、恒常的な政治体制の不安定を生み出すことになった。

一七九七年選挙で勝利したのは王党派であった。選挙の結果、両院合わせて七五〇議席のうち三三〇以上が王党派で占められ、そのなかには明らかな反革命派もみられた。穏健共和派はついに過半数割れした。総裁政府自体も改選を迎え、ルトゥルヌールが退任し、代わりに新議会は王党派のフランソワ・ド・バルテルミを選出した。元老会議長にフランソワ・バルベ＝マルボワ、五百人会議長にもジャン＝シャルル・ピシュグリュといった王党派議員が就任した。こうして王党派が優勢となった議会は、反革命亡命者や、一七九〇年七月にカトリック聖職者の公務員化を定めた聖職者民事基本法に反発し、以来、違法状態に置かれていた宣誓忌避聖職者に対する法律を廃止するなど、反動的な政策を進めていった。また、各地で国有財産の購入者が攻撃を受けるといった事態もみられた。

総裁政府の中核である三人（「三頭派」）、ルーベル、ラ・レヴェリエール＝レポー、バラスにとって、それは許しがたいことであった。しかし、彼らはこうした事態を抑制する合法的手段を持たなかったので、ついにクーデタを決行した。陸軍大臣ルイ・ラザール・オッシュにパリに向けて軍隊を行進させ、九月三日夜（共和暦五年フリュクティドール一七日）、軍隊がパリに入った。首都には、バラスの要請を受けたナポレオンがシャルル・ピエール・フランソワ・オジュロー将軍を派遣しており、パリ管区師団の指揮官に任命されていた。四日（フリュクティドール一八日）、軍隊が議会を占領し、王党派議員が王政復古を企んでいるとしてその指導者たちを逮捕、五三人の議員と総裁バルテルミが流刑に処された。選挙結果が五九県で無効にされ、さらに全国各地で右派の地方行政官らが排除された。反革命亡命者と宣誓忌避聖職者に対する取り締まりもふたたび強化された。いわゆる「フリュクティドール一八日のクーデタ」である（図1-4）。のちにブリュメール派の一員となるピエール・ジャン・ジョルジュ・カバニスは、この事件についてこう述べている。「政府は共和国を救った。憲法は共和国を救うという目的を除けば、一瞬たりとも犯されることはなかった[12]」。

こうして、総裁政府は当面の危機を乗り越えたわけだが、しかし、この頃から、憲法に違反する手段を用いてしか共和政を守ることができない総裁政府体制に不安を感じ、早くも見切りをつける人々が現れはじめた。これを機に、憲法改正の機運が高まりをみせ、新たな憲法草案を持つに違いないと言われる人物に注目が集まった。シィエス（図１－５）である。[13] 革命直前に発表した小冊子『第三身分とは何か』で特権身分を糾弾し、革命を指導したシィエスは、身分制度が廃止されると次第に保守化して、国民公会期には以前の主張を隠すかのように沈黙した。彼の反ジャコバン・反民衆運動の態度はテルミドール九日後にふたたび彼を表舞台に引き上げたが、彼の憲法草案は採用されず、その不満から一七九五年には総裁への就任を拒否していた。その後、シィエスは、五百人会議員としては沈黙を貫く一方で、サロンに足繁く通い、スタール夫人（図１－６）やバンジャマン・コンスタンといったイデオローグたちと積極的に議論を交わし、自身のサークルを作り上げていった。ブリュメール派のプログラムの輪郭がおぼろげながら現れはじめたのは、そのサークルの周辺からである。たとえばスタール夫人は、「私は教養ある共和主義者たちに、国民がすべての権力を毎年の選挙の偶然に委ねることができるほどに、愛と自由の科学で

図１－４　フリュクティドール18日のクーデタ

図1－5　エマニュエル＝ジョゼフ・シィエス（1748–1836）

図1－6　スタール夫人（1766–1817）

満たされていると本当に考えているのかどうかを問いたい」として、毎年の選挙を原因とする体制の不安定さを非難し、イギリスの貴族院を模範とした終身身分の議院を設立することで、体制に安定をもたらすべきだと訴えた。[14] 彼女の主張はその後、シィエスを中心とするブリュメール派に引き継がれ、空洞化された選挙制度と終身身分を保障された元老院の設立に帰結することになる。[15] 一七九七年一一月二一日、シィエスは五百人会の議長に選出された。彼の時代がふたたび始まろうとしていた。

ナポレオンと軍人たち

その間、もう一人の人物にもフランス国民の注目が集まっていた。ナポレオン・ボナパルトである。ヴァンデミエール一三日の蜂起を鎮圧し、パリ社交界で名を馳せると、彼はすぐにイタリア方面軍の総司令官に任命され、数々の戦勝をあげてカンポ・フォルミオの和約を締結し、一七九七年一二月に凱旋将軍としてフランスに帰国していた（図1－7）。ジャン・テュラールが、「ナポレオン伝説が生まれたのは一七九七年頃のイタリアにおいてであった」と述べるように、イタリア遠征中にナポレオンは新聞や軍報を用いて、フランス国内での自己宣伝に努めた。一七九七年二月一九日には、兄ジョゼフと弟リュシアンの責任編集による新聞『ボナパルトと廉潔の士』がパリで創刊され、同年七月からは公式軍報として『イタリア方面軍通信』が発行され、ナポレオンの活躍が誇張して伝えられた。そのおかげもあり、フランス国内での人気が急上昇したなかでの凱旋帰国であった(16)。

図1－7　ナポレオン・ボナパルト（1769–1821）

一七九七年一二月五日、パリに戻ったナポレオンは、総裁や政府高官、外務大臣のシャルル＝モーリス・ド・タレーランらと会食した。のちのブリュメール派の面々ともこの時に出会っている。たとえば、ナポレオンがシィエスと邂逅したのは、一二月一一日に新総裁フランソワ・ド・ヌシャトー邸で開かれた会食の場であったと言われている。さらに二五日には、ナポレオンはフランス学士院会員に選出され、カバニス、ピエール＝ルイ・レドレル、コンスタンタン＝フランソワ・シャスブーフ・ヴォルネ、ドミニク・ジョゼフ・ガラら、イデオローグたちとの関係を築いた(17)。

この頃、ナポレオンには政治的な野心も芽生えていたが、まだ二八歳と総裁になるには若すぎたので、合法的に権力を手に入れる手段は存在しなかった。そのうえ、総裁政府はフリュクティドール一八日のクーデタによって、一時的に安定を取り戻していた。シィエスの周りには改憲派が集まりつつあったが、まだ体制転覆のいかなる準備も整っていなかった。結局、ナポレオンは即座に権力掌握することは断念し、さらなる軍事的栄光を求めて、イギリス方面軍総司令官への任命を受け入れた。

なお、ナポレオンばかりに目を奪われがちだが、実はこの頃から、フランス社会で軍人の存在感が増していたことを忘れてはならない。戦争が長引き、総裁政府が相変わらず不人気ななか、ナポレオンに限らず、将軍たちは政府から独立して、占領した領土で外交官や行政官として振る舞いはじめていたのである。総裁政府は軍隊を監視下に置こうとしたが、成功しなかった。政府は将軍たちがもたらす物資と金銭を頼りにしていたので、彼らにできることなどほとんどなかった。

そのうえ、総裁政府は国内の安全保障を実現するために軍隊を頼りにした。フランス国内での秩序の再建を目的に、軍隊は治安維持部隊としてますます利用されるようになった。農村部では匪賊《ひぞく》行為の鎮圧に取り組む一方、フランス各地の主要都市では戒厳令が敷かれ、軍隊が警察の役割を担った。さらに特別軍事法廷や軍事裁判所が多数の反革命派を処刑した。この点については、第五章で改めて検討したい。いずれにしても、この時期から、軍人たちは国民の注目を集めるようになり、実際、多くの将軍たちが議員に選出されていった。ジャン＝バティスト・ジュールダン将軍やオジュロー将軍がその例で、一七九九年にはジャン＝フランソワ・ムーラン将軍が総裁に選出された。

ナポレオンが軍人でありながらも政治の指導者となることを望み、国民もまたそれを期待したことは、当時の状況に鑑みれば、不思議なことではなかったのである。(18)

フロレアル二二日とプレリアル三〇日のクーデタ

このように当面の危機を乗り越えた総裁政府であったが、一七九八年春の選挙が近づいていた。議員の三分の一改選に加えて、フリュクティドール一八日のクーデタで排除された議員の議席を合わせて、四〇〇議席以上を選出しなければならなかった。四月九日に選挙が始まった。この時の選挙で躍進したのはネオ・ジャコバンであった。バブーフ陰謀の失敗後、合法的戦術に切り替えたネオ・ジャコバンは、各地で「立憲サークル」と呼ばれる政治クラブを結成し、選挙活動を展開して支持を広げていた。当初、総裁政府は右派に対する警戒からこの動きに寛容な態度を示していた。ところが、ネオ・ジャコバンの選挙での勝利が予想されると、一転、「立憲サークル」を閉鎖させ、ジャコバンに好意的な新聞の発行を停止させた。しかし、時すでに遅く、この選挙ではネオ・ジャコバンが勝利を手にしたのである。

こうした事態に直面した総裁政府の働きかけにより、議会での選出者の資格審査が行われ、一〇六人のネオ・ジャコバンが議員の資格を奪われた。いわゆる「フロレアル二二日のクーデタ」である。軍隊の力を借りず、また選出者が議席を占める以前に行われた点で、フリュクティドール一八日のクーデタとは異なっている。そのうえ、「一七九三年憲法の擁護者（ネオ・ジャコバン）が多数派となってもそれは道徳的・合法的多数派とは言えず、審査権は立法府に、ひいては伝達事項に従い総裁政府にある」と総裁ルーベルが述べたように、一七九五年憲法の精神が援用されたうえでのネオ・ジャコバンの排除であった。[19] フロレアル二二日のクーデタの余波は全国各地に広がり、二〇〇人以上の県行政官が排除された。しかし、その後も立憲サークルの活動や新聞はさまざまな形で存続し、ネオ・ジャコバンは翌年の選挙に向けて準備を進めていった。

フロレアル二二日のクーデタ後、ナポレオンはエジプトに向けてトゥーロン港を出発した（図1−8）。ナポレオンがヨーロッパを離れたことが知れわたると、にわかにヨーロッパ諸国の外交が活発となった。第二次対仏大同盟が結成され、フランス軍はふたたびヨーロッパ諸国と対峙した。新たな対外危機に対処するため、一七九八年九月にジュールダンが中心となり、二〇歳から二五歳の男子の徴兵制が導入された（ジュールダン＝デルブレル法）。最初の二〇万人の召集が命じられると、即座に国内で大規模な抵抗運動が起こった。徴兵制は、かつて一七九三年の総動員令が大規模な蜂起を引き起こしたことのあるフランス西部では、適用されなかった。しかし、フクロウ党は近隣諸県の徴兵忌避者や脱走兵を糾合し、勢力を拡大させていった。姉妹共和国や併合された領土における抵抗運動もふたたび活発になった。[20]

結局一七九九年春の選挙では、多くのネオ・ジャコバンが議員に選出された。しかも、この時に選出された穏健共和派の議員でさえ、フランスを軍事的危機に陥れた総裁政府をもはや支持してい

図1－8　アントワーヌ＝ジャン・グロ《ヤッファでペスト患者を見舞うナポレオン》

なかった。総裁政府に対する議会全体の敵意は、一七九九年六月一八日（共和暦七年プレリアル三〇日）のクーデタに結実した。このクーデタでは、それまでとは異なり、議会が総裁たちを排除した。その前段階として、五月に、毎年の改選のためにルーベルが退任し、代わりに元老会の意向によって憲法改正を目論むシィエスが総裁に選出されていた。シィエスは憲法改正の時が近いと睨み、議会内外での勢力拡大に本格的に乗り出した。六月、体制の変革を望まないとされる総裁ジャン＝バティスト・トレヤールが、議員辞職から一年も経たずに総裁に選出されていたことを口実に批判され、辞任を強いられた。代わりに、ネオ・ジャコバンに好意的なルイ＝ジェローム・ゴイエが総裁に選ばれた。一八日には、同じく体制護持を主張する総裁ラ・レヴェリエール＝レポーとフィリップ＝アントワーヌ・メルラン・ド・ドゥエが公金横領と裏切りのかどで告発され、両名は辞任した。代わりに、ネオ・ジャコバンの軍人ムーラン将軍とシィエスが推薦したロジェ・デュコが選出された。一七九五年に選出された最初の五人の総裁のうち、バラスだけが総裁にとどまった。以上が「プレリアル三〇日のクーデタ」である[21]。

このクーデタは総裁政府に対する議会の勝利としてよく語られるが、議会が一枚岩だったわけではない。軍事的危機を招いた総裁政府を糾弾するために、穏健共和派と急進共和派は一時的に同盟を組んだが、彼らの間にこの危機を乗り越える「方法」についての合意はなかった。そのため、議会の勝利が確定するとすぐに、この同盟は瓦解した。

改憲派勢力の結集

一七九九年六月、議会で優位を占めたのはネオ・ジャコバンであった。彼らは対外危機により、国内での反革命勢力の活動が活発化していることを危惧していた。国外ではロシア軍とオーストリア軍が合流して、フランス軍をスイスとイタリアから追い出そうとしていた。それに呼応して、フランス西部では、ル・マンやナントを筆頭に、いくつかの都市が反革命軍によって一時的に占拠された。南西部では、トゥールーズ近郊で王党派の蜂起がみられた。それはまさに、一七九三年の革命政府の設立前夜を思わせる状況であった。

実際、一七九九年六月と七月に可決された法律によって、恐怖政治の記憶が呼び覚まされた。富裕層を対象にした強制公債法と反革命亡命者や貴族の親族を対象にした人質法である。これら一連の措置は王党派だけでなく、穏健共和派にも混乱をもたらした。九月一三日、ネオ・ジャコバンのジュールダンが「祖国は危機にあり」との宣言を発するべきと提案した時、穏健共和派の目には、新たな恐怖政治の到来が間近に迫っているようにみえた。それでもジュールダンの提案は、五百人会での激しい議論ののちに二四五対一七一で否決された。実は、国内外の混乱にもかかわらず、ネオ・ジャコバンの攻勢はすでにピークを過ぎていた。七月の時点では、テュイルリー宮殿でジャコバン・クラブ（マネージュ・クラブ）が開かれ、多くの議員が出席していたが、その一ヶ月後に総裁シィエスは警察大臣ジョゼフ・フーシェの力を借りて、それを閉鎖させていた。しかし、この頃、シィエスはもはや総裁政府体制の存続は不可能とみて、真剣に憲法改正の方法を画策していた。[22]

一七九五年憲法は、憲法改正の手続きとして最短でも九年を必要としていた。それを待つことなどできなかったので、シィエスらはクーデタによる新体制の樹立を実現するために、軍隊に頼ることを選択した。ただし、武力の使用は最低限にとどめ、可能な限り合法性を装うことが望まれた。シィエスは当初、バルテルミー・カトリーヌ・ジュベール将軍に目をつけていたが、彼はノヴィの戦いで命を落とした。ノヴィでのジュベールの死とフランス軍の敗北はフランス国民を動揺させた。ナポレオンのフランス帰国の知らせがパリに届いたのはそのような状況下であった。兄ジョゼフとの書簡を介して、またイギリス海軍からの情報を得て、総裁政府の危機的状況を確信したナポレオンは、単身フランスへの帰国を決意し、一〇月九日、南仏のフレジュスに上陸したのである（図1

－9）。ナポレオンはフランス国民から英雄として迎えられ、歓喜のなか、首都に向かった。エジプトに軍隊を残して単身帰国したナポレオンに対して、厳しい声がなかったわけではない。たとえば、すぐのちにブリュメール派の一員となるブーレー・ド・ラ・ムルトは、この「脱走兵」に対する怒りを露わにして、「ギロチンであれ、銃殺であれ、絞首刑であれ、執行方法は重要ではない」と叫び、ナポレオンを即刻処刑すべきと主張した。だが、国民に不人気な総裁政府が国民の英雄を処罰することなどできなかった。[23]

図1－9　フレジュスに上陸するナポレオン

　実際のところ、ナポレオンは権力掌握に向けて、誰と組むかまだ決めかねていた。帰国後、ナポレオンが自宅に最初に迎え入れたのは、ルニョー・ド・サン＝ジャン＝ダンジェリ、タレーラン、レドレル（図1－10）であった。ルニョーはイタリア方面軍で軍事病院の行政官を務めたことがあり、ナポレオンとの関わりが深かった。彼はナポレオンとパリの要人たちとの仲介役を果たした。レドレルはシィエスの友人であった。旧体制末期にメッス高等法院の評定官を務め、王権による一連の高等法院改革と全国三部会の開催により代表制の観念を鍛え上げたレドレルは、革命期に憲法制定議会議員、セーヌ県総代を歴任したのち、革命独裁期の不遇を経て、総裁政府期にジャーナリストとして活躍していた[24]。

レドレルがナポレオンと初めて会ったのは、ナポレオンがイタリア遠征から帰国した時のことである。当初、ナポレオンを警戒していたレドレルだったが、タレーラン邸で彼に会うとそうした猜疑心も解消し、この将軍に秩序再建の希望を見出した。レドレル自らが語るところによれば、この時、エジプトから帰国した「ボナパルトは、ルニョーを介して、彼を訪問するよう私を招待した。ボナパルトが私に、事を起こすのに何か大きな障害はないか尋ねた時、私はこう答えた。『私が難しく、不可能でさえあると考えるのは、それがなされないことです。それはすでに四分の三まで完了しています』、と」。残る四分の一は、ナポレオンがシィエスらのクーデタ計画に加わることであった。レドレルは、同じくシィエスと距離の近いタレーランとともに、それに尽力した[25]。

図1－10　ピエール＝ルイ・レドレル（1754-1835）

ついで、ナポレオンの兄ジョゼフ（図1－11）、弟リュシアン（図1－12）、そしてパリの要人たちがナポレオン邸に招かれた。実際、シィエスとナポレオンの合流は、ジョゼフとリュシアンの働きかけによるところが大きい。ジョゼフは社交界で独自のネットワークを構築していたし、リュシアンは五百人会の議員であった。彼らはシィエスと協力するようナポレオンを説得した。リュシアンは、ナポレオンにシィエスの新憲法に関する基本的な考えを説明してい

図1－11　ジョゼフ・ボナパルト（1768–1844）

図1－12　リュシアン・ボナパルト（1775–1840）

た。三人の統領、国民和解の政策、秩序を重視する体制のプランはナポレオンの気に入るものであった。最終的に、タレーランが干渉し、シィエスもナポレオンとの協力を受け入れた。一七九九年一〇月二三日、最初の会合が開かれた。シィエスはその会合に出発する間際、リュシアンにこう述べたという。「賽は投げられた。我々はこの国に、群衆の熱狂を制限できる公的制度を持っていない。我々が結集しなければならないのは、今や、あなたの兄の周りである[26]」。

こうしてシィエスとナポレオンの交渉が始まった。両者の仲介はタレーランとレドレルに委ねられた。レドレルはその交渉で果たした自らの役割を自伝で次のように述べている。

ブリュメール一八日に先立つ一二～一五日間、私は毎晩ボナパルト邸に赴き、彼と面会した。ボナパルトはシィエスなしに何もしようとはしなかった。

> シィエスはボナパルトに決闘を挑むことなどできなかった。タレーランと私は、シィエスとボナパルトの交渉の仲介者であった。（中略）タレーランは、クーデタの手はずと行動に関する協議の仲介役を務めた。私は両者が合意に至る政治的条件を準備するための交渉を担当した。私は両者に、制定される憲法と両者が占める地位について、互いの見解を伝えた。要するに、その手はずの戦略をタレーランは任務とし、その結果を私は任務とした。タレーランは私を夜中に二度もシィエスが総裁として住まうリュクサンブール宮殿に連れていった。まず、タレーランがシィエスに外客がないことを確認し、確認が取れると、私の馬車まで知らせに来た。シィエス、タレーラン、私の三者で会議が開かれた。最後の日々には、私は公然とシィエスのもとに赴き、夕食さえ一緒にとった。[27]

レドレルとは異なり、タレーランはブリュメール一八日前夜に彼が果たした役割について語ることはなかったが、二人の役割が極めて重要なものであったことは確かである。こうして、クーデタの下準備が整った。一〇月二九日にはジョゼフが夕食会を開き、ナポレオン夫妻に加え、リュシアン、タレーラン、レドレル、ルニョーらが招かれた。クーデタの一週間前（一一月一日）には、リュシアン邸でナポレオンはシィエスと面会し、詰めの作業が行われた。最終的に作り上げられた計画は、一七九二年の先例に倣うものであった。一七九二年八月一〇日、ルイ一六世に具現された執行府は民衆の暴動によって転覆させられ、結果、立法府も瓦解した。一七九一年憲法は無効となり、新憲法の制定のために国民公会が選出された。この時も、総裁政府が機能停止に陥れば、一七九五年憲法が無効となり、新憲法への道が開かれると考えられた[28]。

クーデタ計画が具体化していくなかで、彼ら改憲派は勢力を拡大させていった。大臣たち、たとえば、ジャン゠ジャック゠レジ・ド・カンバセレス（司法大臣）、ニコラ゠マリー・キネット（内務大臣）、シャルル゠フレデリック・レナール（外務大臣）、フーシェ（警察大臣）らが計画に賛同した。とくにカンバセレスは実業界とも繋がりが強く、ジャック゠ローズ・レカミエやジャン゠フレデリック・ペレゴーら実業家を巻き込んでいった。五百人会の議長にはリュシアンが選出されており、元老会議長ルイ゠ニコラ・ルメルシエもそれに加わった。首都の主要な行政官やジャーナリストらも加担した。その一方、将軍たちにも協力者はみられたが、熱烈な共和派の将軍たちはこの計画と距離を置いていた。フランソワ・ジョゼフ・ルフェーヴルは総裁政府に忠実であり、ジャン゠バティスト・ジュール・ベルナドットは左派寄りで、一七九九年まで陸軍大臣を務めたのち、シイエスによって辞職させられていた。オジュローとジュールダンはネオ・ジャコバンを支持していた。かくして、ブリュメール派は明確な形で姿を現すようになったのである[29]。

ブリュメール派

ここまで改憲派勢力が結集していく過程を詳しく論じてきたが、ここで改めてブリュメール派の構成と彼らの政治的意図を明らかにしておこう。「ブリュメール派」という表現は、レドレルがナポレオンとの会話で初めて用いたと言われている。レドレルはブリュメール派を、「ブリュメール一九日の事件に参加し、彼らの運命をボナパルトに結びつけた人々」と定義している。[30] では、この「党派」はどのような人々で構成されていたのだろうか。

ブリュメール派の中核をなしたのは、憲法改正を目的にシィエスの周りに結集した政治グループである。一七九九年選挙でネオ・ジャコバンが勝利を飾ったことで、穏健共和派には危機意識の高まりがみられた。穏健共和派は「条件の不平等を前提とした権利の平等」を支持しており、その点で、有産者寡頭支配を批判し、累進課税の導入や普通選挙の再建を主張する急進共和派（ネオ・ジャコバン）とは立場が異なっていた。[31]

穏健共和派の視線は自然とシィエスに向けられた。したがって、シィエスは容易に自らのグループを形成することができた。彼の主要な支持基盤は元老会にあり、議長のルメルシエ、クロード・アンブロワーズ・レニエ、マチュー＝オーギュスタン・コルネらがいた。五百人会では、彼の基盤はそれよりは限られていたが、ブーレーやジャン＝ピエール・シャザルらがシィエスを支持していた。彼らは、一七九五年憲法は革命を終わらせることができないどころか、むしろ共和政の存続を危うくしたと考えていた。共和派である彼らにとって、王党派（とりわけ絶対王政派）によって革命の成果が反故にされ、旧体制に回帰することなどあってはならなかった。しかし同様に、ネオ・ジャコバンによる革命独裁への回帰もまた、忌むべきものであった。前述のとおり、プレリアル三〇日のクーデタで勢力を強めたネオ・ジャコバンは、議会で総動員法や富裕層を対象とした強制公債法を可決させていた。そのうえ、一七九九年九月一三日に五百人会でジュールダンによって行われた「祖国は危機にあり」宣言の提案演説により、穏健共和派の危機感は頂点に達していた。ちなみに、ジュールダンの提案が否決されたことはすでにみたとおりだが、それは当時、五百人会議長であったブーレーの巧みな立ち回りのおかげであった。

ここで穏健共和派を代表するブーレーの経歴についてみておこう。一七六一年、裕福な農家に生まれたブーレーは、北部の都市ナンシーで法律を学び、パリで弁護士になった。彼はそこで革命を目撃し、時折、国民議会の傍聴席から事の成り行きを眺めていた。一七九二年にナンシーに戻ると、ムルト県志願兵大隊に加わり、ヴァルミーの戦いに参加した。退役後、ブーレーはディストリクト民事裁判所の裁判官に選出されるも、穏健な政治的態度を理由に追放された。恐怖政治期に数ヶ月の間身を潜めていたが、ロベスピエールの没落によって、ふたたび司法の職を得た。一七九七年に五百人会議員に選出されると、早速、フリュクティドール一八日のクーデタを支持した。実際、彼はシィエスやシャザルとともに、五百人会の粛清を担当する委員会のメンバーに任命されている。穏健共和派議員として同僚たちから高く評価されたブーレーは、その後、三度にわたり五百人会議長に選出された。一七九九年九月には、議長としての手腕を発揮し、ジュールダンの提案を否決に追い込んでもいる。こうした事態はブーレーに総裁政府に見切りをつけさせ、シィエスの片腕としてクーデタ計画に積極的に関わらせることになった。(32)

ブリュメール派を構成したのは穏健共和派だけではない。立憲君主政派もまた、その中核をなしていた。そのなかには、かつてフリュクティドール一八日のクーデタで排除されたり、当局に目をつけられたりしたことのある人物も含まれていた。ネオ・ジャコバンの台頭を前に、立憲君主政派と穏健共和派の同盟が可能になったのである。「国王なき王政支持者」とも呼ばれる彼らは、体制の形態や王朝の選択にはさほど関心がなかった。むしろ、彼らが重視したのは秩序である。その筆頭がタレーランで、強力な執行権力を打ち立てることで秩序を再建し、安定した政治体制を確立することを望んでいた。同じく、ブリュメール一八日で活躍するレドレルもまた、何よりも秩序を重視していた。一七九六年八月二七日に彼はこう述べている。「秩序！ 秩序！ すべての憲法の目的、すべての政府の任務、すべての公共の繁栄の原理があるのはそこである」。レドレルは総裁政府の問題を執行権力の弱さと世論の安定的な支持を得ることができない点にあると指摘し、改憲派のシィエスと合流してブリュメール一八日を準備したのである[33]。

これら穏健共和派や立憲君主政派と重なり合う形で、ブリュメール一八日に積極的に関与し、理論面での正当化に貢献した知識人たちがいた。カバニス（図1－13）、ドヌー、ピエール＝ルイ・ガングネらである。「イデオローグ」と呼ばれた彼ら知識人は、政治に深く関与しており、多くは議員を務めていた。彼らが目指したのは何よりも、知と権力を結びつけること、すなわち「知識人による統治」の実現であった。かつて一七九五年憲法の制定に影響力を発揮した彼らが、なぜブリュメール派に加わり、総裁政府の転覆を企てることになったのだろうか。ここではカバニスを例にあ

図1－13　ピエール・ジャン・ジョルジュ・カバニス（1757-1808）

げて考察してみよう。

カバニスは、ブリュメール一九日に五百人会で演壇に立ち、体制の転覆を正当化している。彼によれば、それは一七九五年以来取り組まれてきた共和政の防衛の一環をなすものであった。人民の幸福を実現するには、共和政を守らなければならなかった。カバニスはこう述べている。「共和政と自由は幸福の手段でしかない。しかし、不可欠な手段である。なぜなら、共和国の外では、自由は純粋に守られることができないし、自由がなければ、自らの理性を用いることのできる存在を幸福にすることなど不可能だからだ」。したがって、それを実現するために、共和政が安定して存続する体制を作らなければならなかった。それを目的に制定されたのが一七九五年憲法であったが、結果はどうであったか。

「この憲法を正当に評価しなければならない。しかし、（中略）それは十分に強固でないので、諸党派は絶えずそれを攻撃した。諸党派は憲法をひっくり返す手段を手にしていたので、結局、保守パトリオット（patriotes conservateurs）はそれらの攻撃をかわすために、絶えず自ら憲法に違反しなければならなかった」。憲法が繰り返し無視されることでしか、共和政が守れないとしたら、結果としてもたらされるのは恒常的な不安定でしかない。かくして、ブリュメール一八日の歴史的な意味が明確化された。すなわち、永続的な共和政を実現する最後の「革命」という位置づけである。[34]

イデオローグは一七九五年以来、自らの理念に忠実であった。しかし、総裁政府によって繰り返される憲法違反は、彼らに憲法改正が不可避であることを悟らせた。のちにイデオローグと呼ばれる政治グループの存在が顕在化したのは、フリュクティドール一八日のクーデタにおいてであった。彼らは一七九七年九月一日に『ル・コンセルヴァトール』紙に結集し、彼らの敵対者に「王党派」のレッテルを貼って、共和政の防衛の名のもとに、政府による弾圧を正当化したのである。さらに翌年のフロレアル二二日のクーデタでも、イデオローグらは総裁政府を支持したが、この頃から、共和政を守るためには憲法改正もやむなしとして、シィエスの政治グループに接近していった。[35]

図1－14　ジョゼフ・フーシェ（1759-1820）

こうしてブリュメール派の中核部分が形成された。その周りを、主義主張はないが自らの嗅覚を頼りに政局の流れに乗ろうとする「政治屋」、カンバセレスやフーシェ（図1－14）らが固めていった。そして、一七九九年八月六日に可決された強制公債法に不満を抱いた実業界の面々（銀行家、軍の御用商人、実業家）が、この企てに資金を提供した。その証拠に、早くもブリュメール一八日の一週間後に強制公債法は廃止されている。ボナパルト家のうち、五百人会議員（ブリュメール一八日には五百人会議長）のリュシアンと、イデオローグと交流して独自のネットワークを広げていたジョゼフが、ナポレオンとシィエスを繋ぐ重要な役割を果たしたのは、すでにみたとおりである。[36]

こうしてみると、ブリュメール派は一枚岩というよりも、雑多なグループからなる集団であった。しかし、これら異質なグループが一つの「党派」としてまとまりを持つようになる過程をみてみると、やはりそこには結集軸となる政治的意図が存在していたことに気づかされる。

ブリュメール派は政治的には穏健共和派あるいは立憲君主政派に分類される人々で構成され、様々な経歴を持つ一方で、フランス革命により台頭し、絶対王政と革命独裁を敵視するという共通点を持っていた。彼らにとって、総裁政府体制が抱える問題点は大きく分けて三つあった。第一に、執行権力の弱さである。恐怖政治のトラウマから、一七九五年憲法によって設立された総裁政府では、執行権力が集中しないように配慮され、五人の総裁による合議制がとられた。また、議会が二つに分けられたとはいえ、発言力も相変わらず強く、政府と議会の意見が異なる場合、それを解決する手段もなかった。そのため、総裁政府は不安定な状況に置かれた。さらに、毎年行われる選挙では、王党派の勢力伸張や、かつて革命独裁を支持し市民の平等のためには所有権の侵害も辞さないネオ・ジャコバンが躍進したため、総裁政府は選挙結果を無効にするクーデタを起こさざるをえなかった。[37] 第二に、世論の信用の欠如である。総裁政府は、クーデタによって中道政権による形ばかりの支配をかろうじて維持したが、フランス国民はもはや政府を信用せず、その統治の正統性を疑問視した。第三に、総裁政府が置かれた当時の国内外の危機的な状況である。国内の状況は、首都と地方では大きく異なっていた。パリではネオ・ジャコバンが躍進し、革命独裁を彷彿とさせる諸政策を断行したことで、穏健共和派や立憲君主政派の危機意識が高まっていた。ところが地方では、匪賊行為が蔓延していた。匪賊集団はしばしば脱走兵や徴兵忌避者などで構成されたが、宣誓忌避聖職者も数多くみられた。匪賊集団はとりわけ反革命勢力の強い諸地域で暴虐の限りを尽くした。国外に目を向けると、第二次対仏大同盟との戦争で、総裁政府末期にはフランスは苦しい立場に置かれていた。実は、ブリュメール一八日の直前には、戦況はフランスに好転しつつあったのだが、それでもフランス国民は不安な面持ちで戦争の成り行きを眺めていた。

総裁政府が抱えるこれらの問題を解決する形で新しい統治体制を創設することが、ブリュメール派の意図するところであった。すなわち、絶対王政にも革命独裁にも陥らず、革命の諸成果を維持するために、強い執行権力を打ち立てること（安定）、国民の大多数の世論を味方につけること（世論の支持）、そしてフランス国民の生命と財産を守ること（安全）、である。それらがどのようにして実現されたかを論じる前に、次章ではまず、ブリュメール一八日の展開をみておこう。

第二章　新体制の設立
——クーデタの実行と担ぎ上げられたナポレオン

ブリュメール一八日の展開

一七九九年一一月九日（ブリュメール一八日）早朝、クーデタ計画が実行に移された。クーデタは二日間、正確には三日にわたって展開された。初日には、議会をパリ中心部から西へおよそ一〇キロにあるサン＝クルー城（図2－1）に移転させることが計画された。これは首都で反クーデタの民衆運動が起こることに対する予防策であったが、ブリュメール派はネオ・ジャコバンの蜂起の脅威を口実に、元老会に議会移転を迫った。午前七時、注意深く選ばれた元老会議員が集められ臨時会議が開かれた。計画どおりに、数人の議員がネオ・ジャコバンの蜂起計画の存在を主張した。いかなる証拠も提出されなかったが、疑義がただされることはなかった。そもそも元老会ではまだ穏

図２－１　1860年頃のサン＝クルー城

健派がそれなりの勢力を占めていたし、反発しそうな議員はこの会議に呼ばれていなかった。結局、元老会議員でクーデタ加担者のレニエが首都から議会を移転させ、ナポレオンをパリ管区師団司令官に任命して議会の警護にあたらせることを提案し、難なく可決された。この提案は憲法第一〇二条の元老会の権限に基づくもので、ネオ・ジャコバンが勢力を持つ五百人会の許可を必要とはしなかった。

午前一一時、ようやく五百人会が移転の決定を伝えられるために集められた。数人の議員が審議の必要を訴えたが、議長のリュシアン・ボナパルトは、憲法に従い、翌日まではすべての議論が禁じられることを議員に伝え、その場は解散となった。この間に、政府権力の空白状態を作り出すために、総裁職の空席化が強行された。シィエスとデュコは自ら総裁を辞職し、態度を決めかねていたバラスも結局、多額の年金と引き換えに首都を去ることに同意した。それに対して、ネオ・ジャコバン寄りの総裁ゴイエとムーランは辞職を頑なに拒んだので、軍隊によって軟禁状態に置かれた。この時点で早くもナポレオンは、「総裁政府はもはや存在しない」と述べたとされる。パリは相変わらず平穏を保っていた。

初日は計画どおりに進んだが、ブリュメール派の胸中は穏やかではなかった。彼らはクーデタが合法だと装うために、議会による臨時政府の設立の承認を目指していた。しかし、五百人会におけるネオ・ジャコバンからの反撃が予想された。シィエスは敵対しそうな議員をあらかじめ拘留すべきであると主張したが、ナポレオンによって反対された。思索の人シィエスが即座に過激な手段をとろうとしたのに対して、自信に満ち溢れた若き軍人ナポレオンがそれを宥めようとしたのが面白い。ところが、事態は緊迫化していく。

一一月一〇日（ブリュメール一九日）午後、五〇〇〇人の兵士が守りを固めたサン＝クルー城で両院の会議が始まった。五百人会では予想どおり審議が難航した。議員たちはまず、議会移転の口実とされたネオ・ジャコバンの蜂起計画の証拠を出すよう求めた。この証拠がないとわかると、彼らは憲法擁護を主張し、辞職した総裁の代わりに新たな総裁の選出を求めた。新たな総裁が選出されれば、総裁政府は存続し、クーデタは失敗に終わってしまう。

こうした事態を前に、いよいよナポレオンも痺れを切らした。彼はまず独断で元老会に乗り込み、審議を急ぐよう議員たちに求めた。しかし、これは不首尾に終わった。それでもナポレオンは怯むことなく、四人の精鋭兵士を従えて五百人会の議場に乗り込んだ。この行為に対して、議員たちは憤慨し、「独裁者を倒せ！」との怒号が飛び交った。数人の議員がナポレオンに詰め寄った。揉みくちゃにされたナポレオンは、兵士に助けられながら、ほうほうの体で議場の外に連れ出された。直後に、ナポレオンを「法の保護の外に置く」との動議が出される始末であった（図２－２）。

クーデタ計画の失敗が現実味を帯びてきた時、機転を利かせたのが五百人会議長のリュシアンで

図2－2　フランソワ・ブーショ《サン＝クルーの五百人会でのボナパルト将軍、1799年11月10日》

ある。彼は議長権限を用いて休会を宣言し、動議の審議入りを阻止した。そして、議場を飛び出して軍隊の前に現れ、「短剣を隠し持つ一部の議員」によってナポレオンが法の保護の外に置かれようとしていると熱弁し、議員たちを議場から排除するように訴えた。もはや軍隊に頼る以外にクーデタを救う手段はなかった。気を取り直したナポレオンはジョアキン・ミュラ将軍に議会突入を命じた。全議員が逃げ出して議場は空になった。午後六時、太陽はすでに沈んでいた。

五百人会の抵抗勢力が排除されると、ふたたび合法性を装ったうえで、臨時政府の設立が目指された。五百人会で起きた事件に元老会でも動揺が走ったが、リュシアンの説明を受けて、結局、臨時政府の設立を決議した。ついでリュシアンは、解散したばかりの五百人会の形ばかりの承認を得るために、議場の近くに残っていた議員たちをかき集めた。午後九時、五百人会が会議を再開した。彼らはまずその日の午後に起きた軍事活動を承認し、その後、臨時統領政府と憲法制定

図2－3　ジャック・サブレ《サン＝クルーの五百人会、ブリュメール18日の夜》

委員会の設立に取り掛かった（図2－3）。
一一月一一日（ブリュメール二〇日）未明、ブリュメール派の中核をなすブーレーやカバニスが五百人会の演壇に立ち、クーデタを正当化して、臨時統領政府設立の承認を求めた。その後、シィエス、デュコ、ナポレオンからなる臨時統領政府の設立が承認されると、統領たちはフランス人民への声明を採択し、「平等、自由、代表制に基づく単一不可分の共和国に忠実である」ことを宣言した(1)。
ブリュメール一九日法令により、新憲法の制定作業が取り決められた。残存する各議院から選出した二五人の議員で構成される二つの委員会が新憲法の制定作業を担当した。「フランス人民の主権、単一不可分の共和国、代表制、権力分立、自由、平等、安全、所有権を不可侵のものとして強固にし、保障し、確立する」ことがその目的として定められた。また、一七九五年憲法に倣い、五百人会の委員会が憲法案を提出し、元老会の委員会が決定するという方法が採択された。委員会には臨時統領たちも出席することができたので、干渉の余地があった。

五百人会の委員会メンバーは同僚である議員によって選出された。王党派に近いとみなされる人物（アンブロワーズ・アンリ・アルヌー）を含め、基本的には穏健派で構成された。かつてルイ一六世の処刑に賛成票を投じた国王弑逆者は三人しか選ばれず、ネオ・ジャコバンはいなかった。カバニス、ブーレー、シャザル、マリー＝ジョゼフ・シェニエはまさにブリュメール一八日の協力者であった。元老会選出の委員会メンバーには、一七八九年の革命家が多く、ガラ、レニエ、ルメルシエらがみられた。国王弑逆者は二人だけで、逆にかつて王党派と疑われた議員たち、たとえば、マチュラン・セディエやピエール＝シャルル・マルタン・シャシロンがいた。五百人会の委員会よりも保守的な傾向が強く、何よりも秩序を望む人々が多かった。一一日早朝五時に委員会が成立し、クーデタは成功した。(2)

ブリュメール一八日の正当化

当初の計画とは異なる形ではあったが、ブリュメール派は何とか目的を達成することができた。しかし、この企てを正当化して国民の広い同意を取りつけなければ、新体制の確立はおぼつかないものになってしまうだろう。では、彼らはどのようにしてクーデタを正当化したのだろうか。ここでは、前述のブーレーの演説からこの点を考えてみたい(3)。

ブーレーによれば、このクーデタは何よりも、「国民の国内における幸福（le bonheur domestique de la nation）」を保障するために目論まれたものであった。ここで「国内」という言葉が用いられているのが重要だが、それを実現するにはまず諸外国との平和が打ち立てられる必要があった。しかし、それまでフランス政府は安定した政治的組織をまったく持たなかったがゆえに、外国政府は平和条約の締結を拒否しなければならなかったという。つまり、国民の幸福を実現するために欠如しているのは、強固で安定した政治的組織ということになる。実際のところ、ブーレーにとって、一七九五年憲法の原理は優れたものであった。ここで述べる原理とは、共和政、国民主権、単一不可分の共和国、権利の平等、自由、代表制である。しかし、そのような政治的組織が設立されなかったので、国民の幸福は実現されてこなかったということになる。

では、不安定な政治的組織は何をもたらしたか。ブーレーによれば、政治的組織の流動性の高さは、過激派が次々と束の間の勝利を手にすることを可能にした。国民主権は認められていたが、国民が自らの代表者を選ぶ権利が保障されることはなかった。なぜなら、選挙は過激派の専制的な影響力のもとでしか行われず、国民の選択が尊重されなかったからである。そのうえ、立法権力と執行権力の対立を解決する合法的手段が政府にはなく、過激派が議会で多数派を形成した場合には、政府は非合法的な手段に訴えることしかできなかった。行政システムに目を転じれば、行政官は多数派を握る党派の意向で絶えず交替した。結果、行政官は住民の幸福ではなく、敵対する党派に対して自らの党派の支配を確立すべく、選挙に影響力を行使することだけに執心した。こうして、公共サーヴィスはカオスに陥り、「政府の亡霊」だけがそこに残されたのである。

したがって、政治的組織の改革が不可避であることは誰の目にも明らかであった。ブーレーによれば、実は「デマゴーグの徒党（faction démagogique）」、すなわちネオ・ジャコバンもまた、改革が不可避であることを確信していたのだという。しかし、彼らとブリュメール派の間にはその方法をめぐって相違がみられた。「デマゴーグ」が望んだのは、一七九三年の方法（山中聡によれば、民衆運動の圧力を背景にした革命政府の設立と恐怖政治）によってフランスを統治することであった。[4] それは「国民の最も無知で、最も不道徳で、最も卑しい人々」のためだけの統治であった。それを実現するために、彼らは議論のすべてに反対し、議会を恐怖でおののかせ、健全な多数派が議会から去らざるをえなくさせ、議会を憲法に反抗的な扇動的な集まりに変えてしまったのである。いよいよ内戦の恐怖が現実味を帯びてきたなかで、良識を備えた人々によって企てられたのが、ブリュメール一八日であった。

ブーレーによるブリュメール一八日の正当化の論理はかくなるものであった。彼の立場はまさに穏健共和派のそれである。ネオ・ジャコバンの圧力から解放されたことで、教養ある誠実な人々が穏やかに議論して、瀕死の共和国を救う最善の手段を考える時が来たと主張したのである。ここでブーレーが具体的に掲げた要素、すなわち、選挙に対する党派の影響力の排除、執行権力の強化、

行政システムの安定化は、ブリュメール派のプログラムとして具体化していくことになる。(5)

ブーレーと同じく、イデオローグのカバニスもまた演壇に立ち、クーデタを正当化したことで彼の評判を高めた。実際、彼の演説はフランス国民に向けられた声明の公式文書になった。カバニスの演説の骨子については前章ですでに取り上げたのでここでは繰り返さないが、総裁政府によって生み出された袋小路、すなわち毎年の選挙による党派争いの悪影響とネオ・ジャコバンの専制支配を痛烈に批判し、新憲法の制定による共和政の立て直しを彼は主張した。(6)

彼らの言説からも明らかなように、ブリュメール一八日は、パリでは何よりも反ジャコバンのクーデタであった。彼らは総裁政府末期のネオ・ジャコバンの台頭を革命独裁への回帰の危機として捉えていた。それがブリュメール一八日の直接の引き金となったのである。そのため、クーデタの当日に五百人会でナポレオンが議員たちによって揉みくちゃにされたことは、ネオ・ジャコバンの陰謀を証拠づけるものとして用いられた。その後の展開はそれをよく示している。実際、早くも一七九九年一一月一三日（ブリュメール二二日）には、人質法が廃止され、幽閉されていた人々が釈放された。それでも、ネオ・ジャコバンに致命的な一撃を与えようとするシィエスは満足せず、結局、統領に国内平和の再建を命じるブリュメール一九日法令第三条を適用し、ネオ・ジャコバンの三七人がギアナに、二二人がレ島とオレロン島に流刑にされた。(7)

首都の一連の事件は、地方では比較的穏やかに受け入れられた。ブリュメール派はクーデタに先立ち、地方においていかなる措置も講じていなかったが、総裁政府期に相次ぐクーデタを経験した地方住民は、距離をとりながら事態を眺めていた。むろん、ブリュメール一八日に反対する動きがなかったわけではない。たとえば、パ＝ド＝カレ県やピレネー＝ゾリエンタル県では、地方当局が臨時統領政府の設立を命じるブリュメール一九日法令の公布を拒否したし、大都市で存続していたジャコバン・クラブ（たとえば、トゥールーズ）はパリでのクーデタに抗議して、軍隊が介入する事態もみられた。しかし、それらの抵抗や抗議は長続きしなかった。結局のところ、総裁政府期に醸成された政治的無関心、あるいは様子見の態度が各地で支配的だったのである(8)。

シィエスの憲法草案

議論を首都に戻そう。そこではクーデタの翌日から権力争いが始まった。というのも、ブリュメール一八日が思わぬ形で軍事クーデタに転化したことは、憲法制定作業において、ナポレオンが主導権を握ることを予想させるものではあったが、シィエスの影響力はなお強かったからである。実際、憲法制定委員会のメンバーの多くはブリュメール派で構成されていた。彼らは憲法改正を目的にシィエスのもとに結集した人々であったから、新憲法の制定段階において、彼らの視線は当然シィエスに向けられた。

憲法制定委員会は憲法草案の作成を担う部会を任命した。五百人会選出の委員会は、ブーレー、リュシアン、シャザル、ドヌー、シェニエ、カバニス、シャボー＝ラトゥールを選んだ。元老会選出の委員会は、レニエ、ガラ、ルノワール＝ラロシュ、ピエール＝クレマン・ローサ、ルメルシエを指名した。そのうち、ブーレー、シャザル、ドヌー、ガラ、シャボー＝ラトゥールは明らかにシィエスの考えに近い立場であった。シィエスの支持者たちは彼には新憲法の草案があるのだろうと考えていたが、それがないことがわかると落胆した。ブーレーによれば、新憲法について尋ねられたシィエスは、「私は頭のなかに若干の考えを持っている。しかし、何も書かれていない。私にはそれを起草する時間も根気もない」と答えたという。そこでブーレー、レドレル、ドヌーはシィエスの考えを口述筆記して、シィエスの憲法構想をまとめることを引き受けた。そして、最初のうちは彼らがシィエスのスポークスマンとして働き、彼らに優位な形で議論が進んでいった。こうして、シィエスの憲法草案が作成された。シィエスの憲法草案については浦田一郎の研究が詳しいので、ここではそれを適宜参照しつつ、シィエス草案のうち、とくに重要な部分をみていこう。

シィエスが議論の基礎に置いたのは個人の自由である。彼は、自由の実現のために最良の制度が代表制であると考えた。「粗野な民主政は馬鹿げている。それが可能であるとしても、代表制ははるかに優れており、それだけが人類に真の自由を享受させ、人類を進歩させることができる」。代表制を基礎とする彼の制度は二つの原理によって支配された。第一原理とは、「何人も、公的職務の行使の対象となる者の信任によらなければ、この職務を与えられてはならない」というものであり、第二原理とは、「何人も、権力に服する者によって公職者に任命されてはならない」というものである。この原理に基づく代表制を実現するために考え出されたのが名士リスト制度である。(9)

名士リスト制度の概要は次のとおりである。すなわち、まず六〇〇万人の有権者が六〇万人の郡名士を選出し、リストが作成される。ついで、郡名士が互選により六万人の県名士を選出し、リストに登録する。最後に、県名士が互選により六〇〇〇人の全国名士を選出・登録する。こうして三種類の名士リストが作成されるが、郡名士リストに登録された者は郡の、県名士リストは県の、全国名士リストは中央の公職候補者となり、統治権力によって任命される資格を持った。

これがシィエスの考える名士リスト制度であるが、注目すべき点が二つある。第一に、有権者の総数が六〇〇万人と想定されていることからもわかるように、基本的に男子普通選挙（ただし使用人や浮浪者は除く）が認められたことである。この点で、革命期に達成された普通選挙の原理がここで再度確立したことになる。第二に、しかしながら、市民は選挙によって公職者を直接選出する権利を失った。これは革命の伝統からの離反である。シィエスにとって、市民の政治的平等の原理は決して犠牲にできるものではなかった。しかし、市民全体が選挙に直接的な影響を与えることを可能にすれば、総裁政府期にみられた不安定な政権運営がふたたび生じるに違いない。共和政を守りたいと思っていても、市民はまだ共和政を支えるほど十分に成熟していないと、シィエスは判断したのである。

そこでシィエスは、市民は選挙に参加できるが、直接公職者を決定するのではなく、誰が選ばれるべきかを提案する権利を行使できることにすれば、この問題を解決できると考えた。いかなる政府も市民の信用なしには統治することはできない。であれば、市民の信用に値する人物のなかから統治権力が公職者を任命すれば、何の問題もないはずである。そのような論理に基づいて、シィエスは名士リスト制度を考え出した。まさにそれは、「信任は下から、権力は上から」の原理を如実に示すものであった[10]。なお、名士リスト制度の法制化プロセスを検討することはブリュメール派の統治理念を明らかにするうえで重要なので、第四章で改めて取り上げたい。

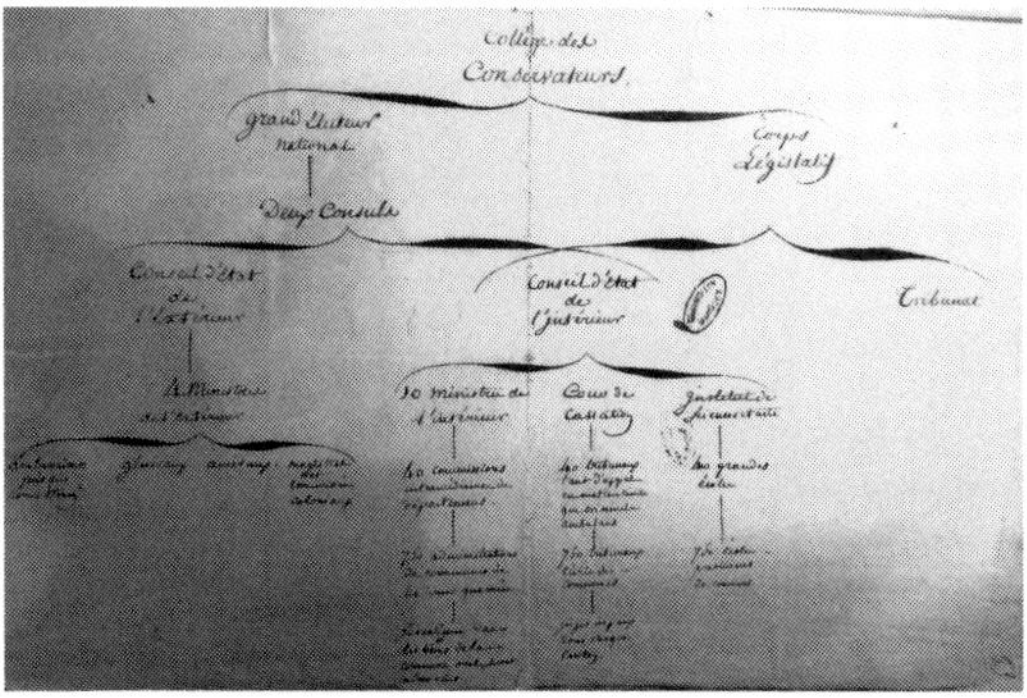

図2－4　レドレル私文書群に残される新体制のプラン。ピラミッドの頂点に護憲院（Collège des Conservateurs）が置かれている。（AP79）

シィエス草案では、名士リストに基づく公職者の任命は統治権力に委ねられた。とくに重要なのが護憲院（Collège des Conservateurs）である（図2－4）。護憲院の基本的な任務は二つある。第一に、憲法の完全な純粋さを維持すること、第二に、公職者の選任に関わることである。実際、護憲院は全国名士リストの「浄化権」を有し、立法陪審院（Jurie législatif）と護民院（Tribunat）の議員、および大選任者（Grand-Électeur）の任命を担当した。また、危機や異常事態に対処するために、護憲院は、憲法、公共の平穏、秩序にとって危険なすべての人物（大選任者を含む）に対して、「吸収権」を行使することができた。要するに、そのような人物を解任し、護憲院議員にしてしまうことで無力化させようとしたのである。議員定数は一〇〇人とされたが、そのうち二〇人は「吸収」の場合の用意に通常は空席にされた。議員は終身で、その補充は全国名士リストのなかから護憲院自身によって選出される。最初の護憲院の形成は憲法制定者の特別手続きによって行われるとされた。

立法権力は二つの議院が担った。護民院は各県から一人ずつ選出された議員によって構成される。任命権者は護憲院である。再選について制限はない。その任務は、「人民のために請願し、その要求を表明し、その利益を主張する」ことであり、それは「人民的請願の演壇」をなさなければならない。したがって、護民院には法案の提出権が認められている。立法陪審院は四〇〇人の議員から構成され、各県から少なくとも一人は輩出され、毎年四分の一が改選されるが、任期満了した議員は引き続き再選されることはできない。立法陪審院も護憲院によって任命される。その任務は、「社会の一般利益について規定し、法律、すなわち市民に義務を課す法令を作ること」である。しかし、シィエス草案では、立法陪審院に法案提出権は認められていなかった。それを与えると、議会が「軽率、性急、興奮、情熱の衝撃」によって支配されるようになるからだというのがその理由である。したがって、立法陪審院は、人民を代表する護民院および政府という両当事者の口頭弁論を聞いたうえで、一般利益に従って「判決」を下すことが求められた。

執行権力ないし政府の頂点に置かれるのは大選任者である。[11] それは全国名士リストのなかから護憲院によって任命される。大選任者は「フランスの代表者」であり、その権限は統領（Consuls）に対する任命権、監督権、報告受領権、罷免権に限られた。それは外国に対して「国民の統一性、尊厳、偉大さ」を代表するために、官邸に住み、年間五〇〇万フランの俸給を受け取る。大選任者によって任命される統領は「政府の長」であり、内政と外交を担当する統領が各一人置かれる。統領は国務参事院（Conseil d'État）を主宰し、大臣を任命する。この国務参事院が政府の機関として法律を起草して、議会に提案する。すなわち、法案提出権が政府に認められることで、革命期に比して、執行権力はかなり強化されることになる。[12]

シィエス草案の主要部分はかくなるものであった。選ばない人民、法律を提案するが可決しない護民院、可決するが議論しない立法陪審院、選挙と選挙の合間にまどろむ護憲院、高額な俸給をもらうだけで何もしない大選任者。シィエス草案はこうした「幻想」で埋め尽くされていたが、後述するように、その大部分は一七九九年憲法（共和暦八年憲法）として結実していった。というのも、シィエス草案には、ブリュメール派の願望が見事に反映されていたからである。[13]

主導権を握るナポレオン

しかし、シィエスとナポレオンとの間には対立が顕在化していった。ナポレオンはシィエスの憲法草案の大部分に賛同していた。ところが、シィエスがナポレオンには大選任者のポストに就任してほしいと提案したことで、二人の対立は避けがたいものになった。シィエスとナポレオンの仲介役を担っていたのはレドレルだったが、彼は自伝のなかでその提案をナポレオンに伝えた時の様子を詳細に語っている。

彼〔ナポレオン〕はこの制度を理解するのに長い時間を要した。ようやく彼は重要な点に気づいた。「私はあなたが述べたことをよく理解しているのだろうか」と彼は私〔レドレル〕に尋ねた。「なすべき任務を持つすべての人を任命し、しかし何も口出しできないポストを私に提案するというのか！」「そのとおりです」と私は答えた。「しかし、重要なポストに就いて国家に奉仕できるすべての人を探し出し、検討し、よく知るという多くのすべきことがあるではないですか」。「何だと！」とボナパルトは反論した。「あなたは、敵国がフランスに侵攻することを望むのか。私よりも能力がなく、運もなく、兵士の信頼もない将軍たちに戦争を任せ、逆に、ヨーロッパ全土から恐れられた私には、大選任者の椅子で腕組みしていろとでも言うのか！　ありえない。憲法が何度言おうとも、国民はそれを受け入れないだろう。私がこんな馬鹿げた役割を担う気はない。私は統領であること以外、何も望まない。そんな馬鹿げた地位に就くくらいなら、何もしない方がいい(14)」。

結局、大選任者をめぐって、シィエスとナポレオンは公然と対立し、互いに会見を拒否するようになった。レドレル、ブーレー、タレーランが両者の間を取りなそうとしたがうまくいかなかった。一二月一日、レドレルらはついに妥協し、ナポレオンの側に歩み寄った。シィエスとナポレオンの対立が続くことで、憲法の制定が遅れ、各地で動揺が生じることを恐れたのである。また、世論に敏感なブリュメール派が国民の英雄として人気のあるナポレオンを切り捨てることなどできるはずもなかった。結果、他の統領に比して、強大な権力を備える第一統領（レドレルの命名）のポストがナポレオンに提示された。この時をもって、ブーレーはシィエスからナポレオンへと陣営を変えた。新体制の設立の主導権がシィエスからナポレオンに移った瞬間である。その後、ブーレーはナポレオンに彼が望むだろう草案を作成しながら、委員会の同僚たちに対して強烈なキャンペーンを展開し、シィエスから支持者を奪っていった。

図２－５　三統領（左からカンバセレス、ボナパルト、ルブラン）

一二月四日からいよいよ憲法の細部についての議論が開始されたが、それはしばしばナポレオンの邸宅で行われた。一二日に憲法草案が採択され、第一統領にナポレオン、第二統領にカンバセレス、第三統領にシャルル＝フランソワ・ルブランが選ばれた（図２－５）。カンバセレスは国王弑逆者であったが、穏健左派を代表していた。彼がブリュメール一八日に向けて、実業界の面々をクーデタに引き込んだことはすでにみたとおりである。旧体制期に大法官モプーの秘書を務め、全国三部会では第三身分代表議員に選出されたルブランは穏健右派を代表していた。これにより、ナポレオンは、自分が穏健左派と穏健右派の間で超党派的な位置を占めることを国民に示したのである。

一五日に一七九九年憲法が公布された。新憲法の公布にあわせて布告された統領三人の声明文の終わりにはこう述べられている。「市民よ、革命はそれを始めた原理のうちに固定された。革命は終わった」。しかし、この新憲法をもってフランス革命が終わったわけではない。杉本淑彦が的確に指摘しているように、この声明文では、ブリュメール派の目的であった革命の成果が憲法に取り入れられたことを示すことがまず重要であった。「革命は終わった」という語句は、そうした成果を根づかせるために「革命を終わりにする」という彼らの決意の表明だったのであり、そのように読まれるべきなのである。(15)

一七九九年憲法

一七九九年憲法（図2-6）は、ブリュメール派の政治的意思に関する第一級の証言であり、その意味でも検討に値する。確かに、憲法制定は最終的にナポレオン優位に展開したが、憲法の大部分はシィエス草案から引き出されたものであった。したがって、当然のことながら、新憲法はナポレオン独裁の樹立を目指したものではなかった。むしろ、ブリュメール派の願望を実現するために、強力な執行権力を打ち立て、安定した政権を作るための諸制度が構想されたのである。新憲法についてカバニスは、執行権力の強化と人民の選挙権力（pouvoir électoral）、すなわち人民が選挙を介しておよぼす政治的影響力の制限が重要な課題であったとはっきり述べている。それこそがブリュメール派の結集軸であった[16]。ここでは、シィエス草案と比較する形で一七九九年憲法について概観しておこう。

一七九九年憲法は全九五条からなり、七編に分かれている。第一編が市民権の行使、第二編が元老院、第三編が立法権力、第四編が政府、第五編が裁判所、第六編が公務員の責任、第七編が一般的な諸規定である。ここでは、政府よりも立法権力を先に置くという革命期の伝統が踏襲されている。

市民権は、フランスで生まれ現に居住している二一歳以上の男子に認められ、シィエス草案で提案された名士リスト制度を通じて行使された。名士リスト制度の概要についてはすでに述べたとおりだが、市民は議員や行政官を直接選挙で選ぶ権利を失うことになった。シィエス草案で「護憲院」と呼ばれた機関は、元老院（Sénat conservateur）という名称で設立された。それは次のような手続きに従って構成された。まず、議員に内定している二人の元臨時統領シィエスとデュコが、新任の第二、第三統領と相談のうえ、同僚となる議員二九人を選出する。次

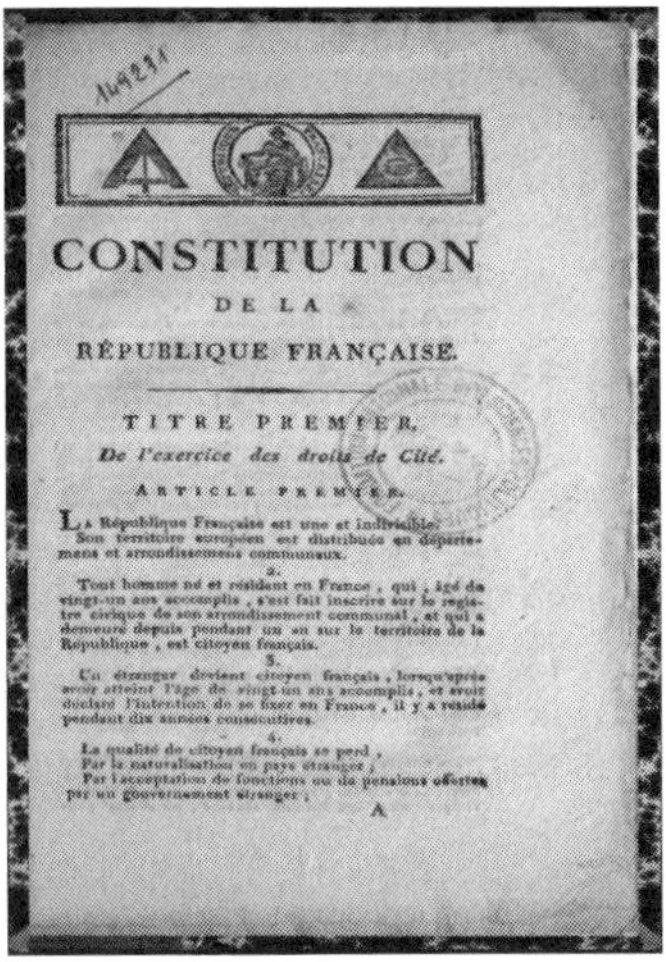

図２－６　1799年（共和暦８年）憲法

にこの三一人が新たに二九人の議員を選出する。この計六〇人からなる最初の元老院が、その後一〇年にわたり毎年、護民院、立法院、第一統領それぞれが推薦する計三人の候補者から二人以上を選出する。こうして、被選挙権を四〇歳以上とする議員八〇人強の元老院が構成された。

図2－7　元老院議員

元老院議員（図2－7）は終身制で、年間二万五〇〇〇フランの俸給が認められた。元老院は全国名士リストから議員候補者を選任することができたうえに、憲法を護持するための権限や憲法に修正を加える権利も付与された。ジェフリー・エリスが指摘するように、当初から元老院がブリュメール一八日の協力者たちの「牙城」となったことは明らかである[17]。イサー・ウォロックの次の評価が元老院の性格を言い当てていると言えよう。すなわち、元老院は「ブリュメール派にとって目ぼしい戦利品の一つであった。彼らの特別の縄張りであり、政治的地位と資産を保障してくれる拠り所であった[18]」。

立法権力を構成するのは二つの議院、すなわち護民院（Tribunat）と立法院（Corps législatif）である。護民院には法案の審議権が与えられたが、法律の制定権は認められなかった。定員一〇〇人、被選挙権二五歳以上で、全国名士リストから元老院によって選任された。シィエス草案で「立法陪審院」と呼ばれていた立法院は、三〇歳以上の三〇〇人の議員で構成され、各県から最低一人を選ぶという条件で、護民院議員と同じく全国名士リストから元老院によって選任された。立法院には法律の正式制定権が認められたものの、審議権はなかった。したがって、ここでは基本的にはシィエス草案が引き継がれているが、立法院の定員はシィエス草案より一〇〇人減になっている。また、とくに重要な変化としては、シィエス草案では護民院には法案提出権が認められていたのに対して、一七九九年憲法では、その権限は与えられなかった。したがって、法案提出権は政府に独占されたことになる。

政府は三人の統領に委ねられたが、実質的に権力を握ったのは第一統領で、法律の提案、軍の指揮と外交、大臣、行政官、裁判官などの指名を行った。第二統領と第三統領は第一統領の相談役にすぎなかった。政府の重要な機関として忘れてならないのは国務参事院（Conseil d'État）である。国務参事官は第一統領によって選任され、元老院議員と同額の俸給が与えられた。第一統領に対して直接の責任を負う諮問・監督機関であり、元老院と同様にブリュメール派の「牙城」となった。国務参事院は法律、内政、軍事などの専門家から構成され、統領を補佐して法案や行政命令案の作成にあたった。実際、第一統領が提案したものを法案化する際に、国務参事院は彼の考えに影響を及ぼす余地があり、ナポレオン時代を通して重要な役割を果たしつづけた。[19]

図２－８　アントワーヌ＝ジャン・グロ《第一統領ナポレオン・ボナパルト》

いずれにしても、当初ブリュメール派が想定したよりも強大な権力がナポレオンに委ねられたことになる（図2‐8）。しかし、執行権力の強化それ自体はブリュメール派が望むものであったから、彼らの多くがシィエスからナポレオンの陣営に鞍替えし、第一統領に対する権力集中を支持したとしてもまったく不思議ではなかった。かくして、執行権力の強化と人民の選挙権力の制限による体制の安定化を実現する基盤が作り上げられたのである。

人民投票の実施

一二月二日から一三日の夜にかけて、一七九九年憲法が人民投票にかけられることが決定された。それは当然、新体制に正統性を付与することを目的としていた。しかし、人民投票制度が用いられたのはこれが初めてではない。すでに一七九三年憲法と一七九五年憲法の承認において、人民投票制度によって民意が問われていた。とはいえ、ブリュメール一八日ののち、新体制によって採用された人民投票制度にはこれまでにないある革新がみられた。人民投票の条件を規定する法律によると、憲法の条文が記載された書類とともに、二冊の登録簿（承認の登録簿と否認の登録簿）が、各自治体、行政機関、裁判機関に送付された。そして、三日間の投票期間が設けられ、有権者（六〇〇万人を想定）は好きな時間に訪れて、憲法を承認するか否か、登録簿に記載することとされた。革命以来、選挙や人民投票は常に選挙集会で組織されていたので、市民が個人的に投票したい時間を選べるというのは革新的であった。さらに、投票では登録簿への署名が求められており、この点も初めてのことであった。革命期には秘密投票が一般的であったが、発声による投票もしばしば使用されていた。そのうえ、集会における投票では、選挙キャンペーンを組織する「少数派」が市民の投票に過度に影響を与える危険が懸念されていた。内務大臣のリュシアン・ボナパルトは、人民投票制度のこの革新性について、「個人投票の始まりは、騒々しい集会の影響を遠ざけることで、全市民に大きな自由を与えることになった」と自賛している。

人民投票は一八〇〇年一月まで続き、投票結果がパリに集められた。少数の否定票（一五六二票）は政府の想定内であった。実際、一七九三年と一七九五年の人民投票でも、否定票はそれぞれ一万二七六六票と四万九九七九票で、今回より多かったとはいえ、投票総数の〇・七％と四・五％にすぎなかった。むしろ政府が落胆したのは一五〇万程度の賛成票しか集まらなかったことである。これは一七九五年の人民投票（約一一〇万票、有権者の二〇％）より多かったが、一七九三年（約一八〇万票、有権者の三四％）よりも少ない数字であり、有権者の二六％程度しか憲法に賛同していないとなると、新体制の正統性に疑義が呈される恐れがあった。新体制は少なくとも有権者の過半数から信任を受けなければならないと考えられた。そこで内務大臣は票の水増しに取り掛かった。まず、人民投票に参加できなかった軍隊の構成員全員が憲法を承認するとして約五五万の賛成票と、各県に七〇〇〇〜一万四〇〇〇票（計九〇万票）を水増しさせたのである。その結果、一八〇〇年二月七日、一七九九年憲法は三〇一万一〇〇七票の賛成、一五六二票の反対により承認された。この数字は、有権者の過半数が憲法を受け入れたことを意味していた。当然、民主主義の観点からはこの賛成票の水増し行為はとうてい認められないが、そのこと自体、ブリュメール派が新体制の正統性を何よりも世論の支持に求めたことを如実に表しているのである[20]。

図２－９　国務参事官

ポストを得るブリュメール派

一七九九年憲法は人民投票の結果を待たずして、一七九九年一二月二四日に施行された。それとともに直ちにブリュメール一八日の協力者たちを中心に、ポストの分配が始められた。内務大臣にはリュシアン・ボナパルトが就き、ブリュメール一八日の影の立役者であるタレーランとフーシェはそれぞれ外務大臣と警察大臣に任命された。ナポレオンの腹心ルイ＝アレクサンドル・ベルティエも陸軍大臣のポストを得た。

二五日には、政府の中枢である国務参事官（図2－9）二九人が任命された。国務参事院（図2－10）は五つの部門に分かれ、それぞれナポレオンに忠実な人物によって指導された。すなわち、法制部（ブーレー）、内務部（レドレル）、財政部（ジャック・ドフェルモン）、陸軍部（ギヨーム・ブリュン）、海軍部（オノレ・ジョゼフ・アントワーヌ・ガントーム）である。国務参事官は政治的には穏健で、革命期の議員、将校、行政官、身分で言えば貴族から平民まで、多様な経歴と専門知識を持つ人々で構成された。当然、ブリュメール一八日を支持した人々がこれらの重要ポストに就いた。たとえば、ブーレー、レドレル、ルニョー、レニエ、ピエール＝フランソワ・レアルらである。こうして法律と行政命令の主導権はブリュメール派に委ねられ、国務参事院は相対的な自立性を確保したのである。(21)

図２－10　統領に宣誓する国務参事院部門長

元老院でもまた、ブリュメール一八日の協力者たちが優先的に選抜されていった。ルメルシエ、コルネ、ジョゼフ・コルヌデらに加え、カバニス、クロード・ルイ・ベルトレ、ガスパール・モンジュ、ヴォルネ、ピエール＝シモン・ラプラスら、イデオローグたちもまた選ばれた。元老院議員の社会的出自をみると、そこには一九世紀の名望家を予示する融合性がみられた。最初の元老院議員（六〇人）は、旧貴族層九人、法曹一三人、将校一二人、貿易商や銀行家九人、知識人一五人などで構成され、政治的には、彼らの多くが穏健派の革命家たちであった。彼らのうち三八人は革命期に議員を経験しており、しばしばいくつかの政体を跨いでいた。実際、一七八九年の国民議会以降に議員を務めた者が一二人、一七九一年立法議会が議員としての経歴の始まりだった者が一一人を数えた。さらに二一人はブリュメール一八日の時点で議員職に就きながら、シィエスらに迎合した人々であった。前述のとおり、元老院には名士リスト制度で作成されたすべてのリストが集められ、公職任命の差配者としての役割が委ねられた。元老院には護民院および立法院の議員や統領の後継者を指名する権限が与えられており、政治的パトロナージュの中枢をなすことが期待された。ブリュメール派は元老院を、新体制において「自らを代表する最高の形態」とみなしていた。[22]

護民院と立法院の議員の任命は、一七九九年末に、元老院においてシィエスによって作成されたリストに基づいて行われた。それは極めて綿密に検討されたものであった。両院ともにブリュメール派を含んでおり、護民院にはドヌー、シャザル、ガングネらが任命され、ドヌーが議長に選出された。立法院ではブリュメール派は目立たなかったが、それでもナポレオンの兄ジョゼフが選ばれている。[23]元老院と同じく、護民院と立法院の議員にも、ブリュメール一八日の時点で議員を務めていた者が優先的に任命された。最初の護民院議員のうち六六人（六六％）、最初の立法院議員のうち二三八人（七九％）をそうした者が占め、元老院議員と合わせると、総裁政府末期の議員の約七〇％が新体制において議員職を得たことになる。これらの任命が、ブリュメール一八日を支持した議員たち、あるいは少なくともそれを受け入れた議員たちに対する「報償」を意味していたことは明らかである。逆に、クーデタに抵抗した議員たちは徹底的に排除された。[24]

最初の護民院議員一〇〇人のうち二九人が、ロベスピエールの没落以前に何らかの議会に議席を有していた。国王弑逆者は九人だけで、少なくとも三〇人は恐怖政治下で投獄されるか追放されるかの憂き目に遭っていた。護民院にはすでに名の知れた人物が多く、ほとんどがパリに居住していた。[25]それに対して、立法院議員の多くは地方在住者であった。旧貴族層は一〇人だけで、大半はブルジョワが占めており（八七％）、一二九人は法曹である。政治的経歴をみると、三六人が一七八九年の国民議会で議員としての経歴をはじめ、立法議会に議席を持った者は二三人、国民公会議員は六九人であった。後者のうち、国王弑逆者は一九人だけである。最初の立法院議員の多くは、いくつかの政体の変化を乗り越えて、革命期の議会を生き延びた革命家たちであった。[26]

ブリュメール・エリート

ドイツの歴史家ギーセルマンは、最初の国務参事官、元老院議員、護民院議員、立法院議員の総勢約五〇〇人を「ブリュメール・エリート」と呼んで、その社会経済的性格を明らかにしている。それによれば、ブリュメール・エリートのうち、旧貴族層は六五人にすぎなかった。その一方で、旧体制期に一三六人は王国役人を務め、二三三人は専門職（大半が法曹）に就き、六三人が知識人、三〇人が聖職者と、彼らの多くは革命前夜の時期にある程度成功したブルジョワであった。[27]革命は彼らのさらなる社会的上昇を可能にした。せいぜい地方エリートにすぎなかった彼らは、選挙により、全国レヴェルの公職への階段を上ることができた。彼らの多くは穏健派の議員として「風見鶏」のごとく革命期の政体変化を乗り越えていった。[28] そして、総裁政府末期のネオ・ジャコバンの勢力拡大によって、穏健派の重視する革命の成果（国民主権、代表制、所有権、安全保障など）を守るために、彼らはクーデタの積極的、あるいは受動的な賛同へと向かったのである。

しかし、クーデタへの賛同は、革命家たちがナポレオンに対して自発的に権力を放棄したことを意味したわけではない。もともとブリュメール派は軍事クーデタを計画してはいなかったし、新憲法の制定プロセスにおいては、シィエスらはまずナポレオンに「大選任者」という言わば形だけのポストをあてがおうとした。ところが、ここに来てナポレオンはブリュメール派の政治的な思惑を超えて動き出し、シィエスとの権力争いを制して、憲法制定の主導権を握ったのである。もし彼らが権力を放棄したとすれば、それはこの時点においてであった。しかしその場合でも、ブリュメール派が完全に権力を奪われたかと言えばそうではない。憲法の護持と公職任命の重要機関である元老院と、法律制定の主導権を握る国務参事院の存在は、新体制の主人が実際にはブリュメール派であることを彼らに信じさせた。この段階で、ナポレオン独裁が成立したと考える者はいなかったし、当初の想定よりもナポレオンの権力が増大したことは確かであるとしても、ブリュメール派の多くは、彼らの願望を叶える新体制が設立されたことに、やはり満足を覚えていたのである。

第三章　地方行政システムの再編
——強化された中央集権

中央集権的な統治へ

ブリュメール一八日は、総裁政府が直面した国内外の危機を背景にして、シィエスを中心に改憲派勢力が結集し、最終的にナポレオンを取り込んで実行した体制転覆の企てであった。したがって、その企ては当初、ナポレオンの権力掌握を目的に計画されてはいなかった。憲法制定プロセスの最中に、主導権がシィエスからナポレオンに移り、ナポレオンが事実上の最高権力者になったとしても、一七九九年憲法はやはりシィエス草案を下敷きにしたものであったし、元老院や国務参事院といったブリュメール派の「牙城」ができたことで、彼らブリュメール派が政権運営で重要な役割を果たしつづけることは確実になった。ブリュメール派は政権運営の手綱を手放すつもりなど毛頭なかった。

事実、ブリュメール派は統領政府下の諸制度の創設において主導権を握りつづけた。その一つが共和暦八年プリュヴィオーズ二八日法（一八〇〇年二月一七日）（以下、プリュヴィオーズ法）の制定である。ブリュメール派の結集軸の一つは、革命の成果を守るために強い執行権力を打ち立てることであった。その目的はひとまず一七九九年憲法によって達成された。しかし、全国各地で法律や行政命令が正確に施行されなければ安定した統治は可能ではない。そこでブリュメール派は新憲法の制定後すぐに、地方行政システムの再編に取り掛かった。こうして、ブリュメール一八日からわずか三ヶ月で制定されたのが、プリュヴィオーズ法である。

プリュヴィオーズ法が地方行政システムの中央集権化を強化し、現代のフランス地方行政システムの骨格を作り上げたことはよく知られている。同法では、県（département）、郡（arrondissement communal）、市町村（commune）が地方行政の枠組みとして採用され、県知事、郡長、市町村長が置かれた。なかでも全県（統領政府期に九八県）の県庁所在地に置かれた県知事は、大きな権限を持って地方統治の任にあたったので、歴史家によって「小型の皇帝」と評されることもあった(1)。

こうした中央集権的な行政システムに対して、歴史家は早くから関心を向けてきた。しかし、アルフォンス・オラールによれば、それは「ただ一人のために絶対的中央集権を設立する」ものでしかなく、ジョルジュ・ルフェーヴルもまた、ナポレオンによる中央集権的な行政再編が彼の独裁への大きな一歩であったと主張している(2)。すなわち、同法は少なからずナポレオンが独裁を目指した意思と結び付けて理解されてきたのである。歴史家によってよく用いられる「ナポレオン中央集権(centralisation napoléonienne)」という言葉自体、そうした傾向を暗に示している。

しかしながら、プリュヴィオーズ法はナポレオンの独裁志向から生まれたものでは決してない。ティエリ・レンツはその発案者をシィエスとしているし、法制化を主導したのは国務参事官のレドレルやジャン゠アントワーヌ・シャプタルらであった。(3) しかも、同法は議会で圧倒的多数で可決されたのである。したがって、同法はナポレオンのパーソナリティから切り離して、ブリュメール一八日以後の政治エリートの統治理念の産物として、検討し直す必要があるだろう。彼らは革命期、あるいは旧体制期の行政システムをどのように理解し、どのような政治的思惑からプリュヴィオーズ法を制定したのだろうか。プリュヴィオーズ法の制定プロセスに注目しながら、これらの問題を検討することが本章の課題である。

革命期の地方行政システム

プリュヴィオーズ法の特徴を理解するために、それに先立つ革命期の地方行政システムを概観しておこう。旧体制期フランスの行政システムは、各地方で大きく異なっていた。たとえば租税面をとっても、王権の直轄官僚である地方長官が徴税監督を担った地方もあれば、王権に対して一定の徴税権を保持する地方三部会が置かれた地方もあった。実は、旧体制末期にはこうした状況を改善するために王権による改革が試みられたのだが、道半ばで革命を迎えることになった。

革命の勃発後、憲法制定議会は国民統合を至上命題として、旧体制期の錯綜した地方の諸制度を一掃し、県、ディストリクト（後述）、市町村からなる画一的な地方行政システムを創設した。各県には、選挙で選出された三六人のメンバーで構成される県行政会議が設置された。ただし、県行政会議は重要議題がある場合にだけ招集され、普段は県行政会議の互選で選ばれた八人からなる県行政当局が行政を担当した。また、国王直属だが、やはり選挙で選出された県総代が県行政を監視した。

全国の県行政は基本的に穏健派で占められた。革命が激化しても県行政はしばしば保守的な態度を保持し、一七九三年六月に山岳派との権力闘争に敗れ粛清されたジロンド派を支持しつづけ、フェデラリスムの反乱に積極的に関与する場合もみられた。そのため、革命政府が成立すると、県行政会議は即座に廃止され、県行政当局は存続するも権限がかなり制限された。逆に、各地に派遣された国民公会議員（派遣議員）には、県行政当局メンバーの任免権など、大きな裁量権が認められた。

興味深いのは、テルミドール九日のクーデタにより革命独裁が崩壊したのちも、テルミドール派が県行政の自立性に対して警戒心を解かなかったことである。実際、一七九五年憲法では、県行政会議は再建されず、選挙で選ばれた五人からなる県中央行政が設立された。県中央行政には政府任命の総裁政府執行委員が置かれ、業務を監視した。集団指導体制は維持されたが、メンバーの数はかなり削減され、かつ政府任命の委員がこの時初めて設置されたところに、総裁政府体制の中央集権的性格が如実に現れている。(4)

革命の最初期に、憲法制定議会は県と市町村の中間の行政区画としてディストリクトを設立した。各ディストリクトにはディストリクト行政会議が設置され、選挙で選ばれた一二人のメンバーで構成された。その互選で選ばれた四人がディストリクト行政当局を構成して常時行政を担当し、同じく選挙で選ばれたディストリクト総代が行政の監視にあたった。県行政とは対照的に、ディストリクト行政のメンバーは革命が進むにつれて政治的に急進化していった。そのため、革命政府下では、ディストリクト行政に革命法の大幅な執行権が認められた。こうした事情から、革命独裁の反省に立つテルミドール派がディストリクト行政の廃止を強く望んだことは当然であった。事実、一七九五年憲法はディストリクトを廃止し、三層構造の地方行政は解体されたのである。(5)

最後に市町村行政だが、旧体制末期のフランスには、およそ五〇万の村や集落が存在し、村落行政のあり方は極めて多様で錯綜していた。全国に画一的な市町村行政が設立されたのは、一七八九年一二月一四日法ができてからである。それにより、小教区の中心地に行政当局が置かれて市町村が編成された。市町村行政当局の執行部は市町村長と市町村役人からなり、総代が行政の監視を担った。村全体に関わる重要議題が論じられる場合には、ノターブル（評議員）が招集され、市町村会が開催された。彼らはみな選挙で選ばれていたが、革命政府下では、総代が任命制の国家代理官にすげ替えられた。さらに、各市町村には監視委員会が設置され、革命法の施行を監視した。こうして、市町村は革命独裁の推進母体と化していった[6]。

革命独裁の瓦解後、テルミドール派は市町村行政を大幅に改変した。一七九五年憲法では、大都市はいくつかの区に分割されて、政治的自治を抑制された。その一方、農村コミューンには固有の行政はもはや設置されなかった。農村部の行政は小郡全体でまとめられ、小郡内の各村の代理人と補佐役が集まって集団で小郡行政を運営した。県行政と同じく、小郡行政にも業務の監視のために政府委員が設置され、中央集権化が強化された[7]。

以上、革命期の地方行政システムの変遷を概観した。確かに、フランスの地方行政システムは、革命期にすでに中央集権化の道を辿りつつあった。しかし、地方行政官の公選制と執行機関の集団指導体制は基本的に維持されていた。では、これらの特徴を持つ革命期の地方行政システムに対して、ブリュメール派はどのような評価を下したのだろうか。

地方行政に関するブリュメール派の歴史認識

一八〇〇年二月七日、国務参事官のレドレル、シャプタル、エマニュエル・クレテは、「共和国の領土の区分と地方行政の組織に関する法案」(以下、法案)を立法院に提出した。同日、レドレルが法案の提出理由を説明したのち、法案は護民院に送られ、七人の護民院議員で構成される委員会がそれを検討した。一二日の委員代表ドヌーの報告を皮切りに、一四日まで審議され、投票が行われた。投票結果は九六人中七一人の賛成、二五人の反対であった。一六日から立法院で政府の代弁者としてレドレルとシャプタル、護民院の代弁者としてアントワーヌ＝フランソワ・デルピエールが法案について報告した。投票の結果、二八〇人のうち二一七人の賛成、六三人の反対で法案は可決された。(8)

短い審議期間ではあったが、この間に、国務参事官二人に加えて、護民院議員一三人が法案に関する自らの意見を述べている。これらの議論を詳しく検討してみると、彼らがしばしば旧体制期から革命期にかけての地方行政システムを思い起こしながら、法案を審議していることに気づかされる。たとえば護民院議員アントワーヌ・モンジュは議会のなかで、法案を正しく評価するには過去の行政システムに目を向けなければならないと述べて、地方行政システムの歴史を概観している。少し長いが引用してみよう。

一七世紀の半ばから一八世紀の半ばまで、フランスの諸地方は三部会か地方長官によって統治されていた。（中略）三部会の設置は住民にとって利点があった。逆に、多くの地方長官は農村部を荒廃させ、人々を絶望させてきた。（中略）三部会設置地方の方が住民は幸福であった。建造物の建設や公共事業はより定期的に行われていたし、租税の課税基準は地方の名士によって作られたのでより平等であった。ただし、節約は少しもなされず、三部会では贅沢や浪費癖がみられた。そのうえ、三部会では身分制秩序が危険なほどに崇められていた。（中略）

地方長官のもとではすべてが専制的であった。（中略）しかし、地方長官の統治にはある利点がみられた。すなわち、執行の迅速さと画一性である。

地方長官体制の末期には、教養豊かな市民たちが地方長官の様々な職権の濫用に抗議して、その時々で唯一可能に思われた弥縫策《びほうさく》を提案した。なぜなら、まだ根本的な治療薬を見つけるには至らなかったからである。その方策とは地方議会（assemblées provinciales）の創設であり、それにより、三部会が奪われていた地方にその利点をいくらか広めることができたのである。しかし、それはあくまで一時凌ぎの手段でしかなかった。実際、宮廷は地方議会の仕事を妨害し、地方長官は表向きは地方議会を尊重しつつも、裏ではその邪魔立てをした。以来、教養豊かな市民は、これほどまでに悪質に組織された行政に施す治療法はもはやないと考えはじめた。それは名士会議で確信へと変わり、我々がようやく終わらせたばかりの革命を引き起こしたのである。

一七八九年と一七九〇年には、行政の理論に大きな変化が生じた。すべてが悪かったので、反対のことを採用すれば、すべてが良くなると信じられた。最初の憲法（一七九一年憲法）は地方に行政会議を設けたが、あわせて、それらの議論の執行を促す総代も設立した。なぜなら、執行権は討議団体に与えられたからである。そして、この過ちは一七九五年憲法にも影響を与えることになった。（中略）したがって、我々は一〇年来、行動しなければならない時に議論し、行政官たちの意見がぶつかり合う間に、行動の時宜を逸してきたのである。（中略）そのうえ、これまで各行政はその本質に反して法律を自由に解釈してきた。こうした諸原理の転倒は社会を分裂させたので現在、諸県は無残な状況に置かれているのだ。(9)

モンジェの議論の特徴は、旧体制期の地方長官と地方三部会の長所と短所を明らかにしたうえで、両者の短所を排し、長所のみを引き継いで新たな制度を作り出さなければならないと主張しているところにある。その短所とは、地方長官の専制支配であり、地方三部会の身分制秩序と浪費癖であった。これらの批判は、モンジェが熱烈な革命家であったことを思い出させる。しかし、その彼からみても、絶対王政の反動から作られた革命期の地方行政システムには、やはり重大な欠陥が存在していた。それは、討議団体である行政会議に行政の執行権が委ねられたことであった。言い換えれば、モンジェはこの点で革命期の地方行政システムの集団指導体制を否定したことになる。

実は、こうした主張は当時の政治エリートに共通してみられたものである。たとえば護民院議員のクリストフ・デュドネもまた、同じような議論を展開している。デュドネによれば、革命以前には、フランスの諸地方は異なる方法で統治されていた。革命はそれを画一的な方法に置き換えることで、フランス全土に「国民の精神」を作り出した。ゆえに行政の画一性こそが一七八九年七月からの憲法制定議会が生み出した最も偉大な理念である。しかし、一七九一年憲法は、世襲王権を維持したので、君主すなわち政府の長に対抗するために、地方行政は選挙で選ばれた非常に多数の行政官で構成されなければならなくなった。その一方で、政府は地方行政を監視するための代理人さえ任命できなかった。結局、国民によって直接選出された行政官は、法の執行命令を受けてもすぐには取り掛からず、無用な議論に時間を費やし、行政システムを麻痺させていった。その反省から、一七九五年憲法は地方行政システムをより簡素化し、県と小郡の二層構造を採用した。県レヴェルでは、革命政府下に廃止された県行政会議は再建されず、選挙で選ばれた五人のメンバーで構成される県中央行政が設立された。さらに法の執行を監視するために、政府任命の総裁政府執行委員が設置された。結果、行政官の人数は大きく削減され、行政はよりスムーズになったが、総裁政府執行委員は行政官ではなく、いかなる権威も備えなかったので、政府は県中央行政に確かな影響力を持つことができなかった、とデュドネは指摘した[10]。

以上の議論から、モンジェルとデュドネも共通の歴史認識に立っていることは明らかである。彼らはともに、革命期に多数のメンバーで構成された行政会議が無用な議論に時間を費やしたことで、行政システムが麻痺したことを批判した。デュドネの場合はさらに一歩進めて、行政官が選挙で選ばれていた点にその原因を求めていた。要するに、彼らは、革命期の地方行政システムの特徴をなす地方行政官の公選制と執行機関の集団指導体制を、行政システムの麻痺の根本原因として糾弾したのである。

では、ブリュメール派が目指すべき地方行政システムとはどのようなものだったのだろうか。ここでブリュヴィオーズ法の内容に注目してみよう。

プリュヴィオーズ法の概要

プリュヴィオーズ法は、県、郡、市町村からなる三層構造の地方行政を再建した。したがって、県は行政区画として維持された。各県には、第一統領によって任命された県知事が置かれた。県知事には、行政上の広範な権限が認められたうえに、県内のすべての市町村会議員や人口五〇〇〇人未満の町村の町村長と助役を任命するなどの権限が与えられた。

県知事は二つの会議、すなわち県参事会と県会によって補佐された。県参事会は三〜五人のメンバーで構成され、県知事によって主宰された。県参事会は主に行政裁判を担当した。たとえば公共事業における請負業者や住民との訴訟問題があげられるが、とくに重要だったのが総裁政府期からの懸案事項である国有財産売却訴訟であった。この点については後述する[11]。

県会は、各県で人口に応じて一六〜二四人の議員で構成された。県会は主に県内での租税配賦を担当し、また県住民の状態と必要に関して内務大臣に直接意見を表明するなどの権限も有していた。県会議員は県名士リストから第一統領によって任命され、任期は三年と規定された。県会の毎年の会期は二週間以内と定められた[12]。

プリュヴィオーズ法は、県の下に郡を創設した。実際、ブリュメール派は、一七九五年憲法で廃止されたかつてのディストリクトに準ずる行政区画の再建を望んでいたのであり、結果として全国で四〇二の郡が創設された。かつてのディストリクトに比して、郡の管轄区域は広範で、各県は平均して四〜五の郡に区分された（ディストリクトは六〜八）。各郡の郡庁所在地には郡長と郡会が置かれた。郡長は県知事の指導のもと、郡内の行政全般を担当した。[13] 郡会は一一人の議員で構成され、議員は郡名士リストから第一統領によって任命された。郡会もまた二週間を超えない範囲で、毎年一回の会期（前半部と後半部に分かれる）が開催された。郡会は主に郡内の租税配賦を担当したが、そのほかに、住民からの苦情などについて議論し、県会に意見を表明した。[14]

前述のとおり、一七九五年憲法は、農村コミューンに固有の行政当局を置いていなかった。実は、一七九九年憲法でも市町村行政は想定されていなかったが、プリュヴィオーズ法はその設立を定め、革命の最初期に形成されたのとほぼ同数にあたる三万六〇〇〇の市町村に固有の行政機構が再建された。各市町村には一人の市町村長と人口に応じて数人の助役が設置された。人口五〇〇〇人以上の市では、第一統領が県知事の提案に基づいて市長と助役を任命し、人口五〇〇〇人未満の町村の場合は、県知事が任命した。[15] 各市町村には、人口に応じて一〇〜三〇人の議員で構成される市町村会が設置され、その議員は県知事によって任命された。市町村会は、共同体の採薪権や共同放牧権を決定したり、市町村の支出のために入市税を定めたりすることができた。[16]

以上がプリュヴィオーズ法の概要である。革命期の地方行政システムと比較すると、プリュヴィオーズ法の特徴は主に四つにまとめられる。第一に、執行の単一性（地方行政の各段階にただ一人の政府代理人を設置）、第二に、地方行政の役割分担（法の執行、行政裁判、地方利益を担う各代表を設置）、第三に、三層構造の地方行政（県、郡、市町村）、第四に、地方行政官の任命制である。以下では、これらの点に注目しながら、プリュヴィオーズ法の制定プロセスを検討してみよう。

執行の単一性

プリュヴィオーズ法の最大の特徴は、地方行政の各段階にただ一人の政府任命の行政官（県知事、郡長、市町村長）を設置したことである。実際、革命期の地方行政システムの特徴は何よりも、地方行政官の公選制と執行機関の集団指導体制にあったから、これは大きな転換を意味していた。

前述のとおり、ブリュメール一八日以後の政治エリートには、革命期、時には旧体制期の地方行政システムについての共通の歴史認識がみられた。そして、その歴史認識に基づいて現状の問題点が指摘された。彼らにとって、革命期の地方行政システムの最大の欠陥は、選挙で選ばれた多数の行政官で構成される行政会議、すなわち討議団体に、行政の執行権を委ねたことであった。そうした性格を備える行政会議、すなわち討議団体が法の執行を阻害したという認識は、彼らの間で広く共有されていた。この問題を解決するためにも、各県に政府任命の県知事が配置され、執行のすべての責任を負う必要があるとされ、その執行を確実にするために、同じく任命制の郡長と市町村長からなる垂直的な行政システムを設立することが求められた。

たとえば前述のモンジェは、討議団体の代わりに県知事と郡長を配置することで、迅速かつ画一的な方法でフランス全土を統治できると主張した。彼はそうした方法を、「かつての地方長官のうち保持しなければならない唯一の記憶」であると述べている。[17] デュドネもまた、法案が提示する新たな行政システムの利点は明らかであると主張した。行政官の人数が少なければ、無用な議論や党派心に阻害されず、迅速な行政が可能になるので、地方行政の各段階で、ただ一人の政府代理人が行政を担当することが望ましかった。彼によれば、「行政は可能な限り中央集権化しなければならなかった」[18]。さらに、国務参事官のシャプタルに至っては、こうした政府代理人の設置により、「法律と政府の命令を電流のような速さで社会の末端まで伝える」ことが可能になると豪語したのである[19]。かくして、執行の単一性が実現した。

行政裁判

ブリュメール派にとって、旧体制期の地方長官は両義的な存在であった。地方長官は、一方では迅速な執行を可能にしたが、他方では市民の神聖な権利を侵す専制的な存在でもあった。では、県知事が地方長官のような専制支配に陥らないためには、どのような制度設計にすべきなのであろうか。地方行政の役割分担が論じられたのは、まさにこの観点からである。

国務参事官のレドレルは、立法院でプリュヴィオーズ法の法案理由を述べた際、地方行政を三つの業務に区分している。第一に法の執行、第二に行政裁判、第三に租税配賦である。そして、第一の職務を地方行政の各段階にただ一人の政府代理人（県知事、郡長、市町村長）に、第二の職務を県参事会に、第三の職務を県会と郡会に委ねるとした。こうした役割分担は、「行政はただ一人の事柄、裁判は複数人の事柄でなければならない」という自らの理論を適用したものであった。[20]

法の執行についてはすでに論じたので、以下では残る二つの職務をどのように正当化しているのか、その論理をみてみよう。総裁政府期に行政裁判を担当したのは県中央行政であった。法案ではこの県中央行政は県知事に置き換えられているので、前例を踏まえれば、県知事が行政裁判を担当すべきであった。しかし、県中央行政は五人のメンバーで構成されたのに対し、県知事はただ一人という大きな違いがあった。そこでレドレルは、行政裁判を県知事ではなく県参事会に委ねるべきだと主張した。なぜなら、ただ一人の行政官が行政裁判を担当する場合、たとえ彼が公益を重んじる行政官であったとしても、個人的な憎悪や愛情から、公益を裏切ったり、私的な権利を毀損したりする恐れがあるからである。[21]

しかし、法案では、県知事に県参事会を主宰する権限が認められていた。この点については、行政の役割分担が明確になされていないとして護民院で多少の批判がみられた。たとえばドヌーは、行政と住民の間の係争を裁く機関に行政官が含まれることを危惧している。[22]では、なぜ政府側はあえて県知事に県参事会の主宰権を認めたのであろうか。実は、この背景には、総裁政府期の国有財産売却訴訟が関係している。

ここで簡単に革命期の国有財産売却の変遷を概観しておこう。一七八九年一一月、憲法制定議会は国家財政の窮状を打開するために、教会財産の国家による収用を命じた。さらに、一七九二年二月には、反革命亡命者の財産の国有化が定められた。国家によって没収されたこれらの財産は、革命期を通じて国民に売却された。国有財産の購入者の大半はブルジョワであった。革命のおかげで財産を築くことに成功した彼らは、その後、この既得権益（革命の成果！）を守ることを自らの使命とするようになった。ところが、テルミドール九日のクーデタののち、反革命亡命者がフランスに帰国しはじめると、売却済みの財産の返却を求めて各地で訴訟が起きたのである。[23]

こうした事態に直面し、総裁政府は司法改革に取り組んだ。この点については、第五章で改めて論じることとするが、結局のところ、問題の根本的な解決には至らなかった。ブリュメール一八日ののち、反革命亡命者のフランスへの帰国が予想されるなか、ブリュメール派は同じ問題に直面したのである。しかし、彼ら自身が国有財産の購入で蓄財に成功した人々であった。ブリュメール派にとって、購入した土地財産の返却など絶対にあってはならなかった。そこで、ブリュメール派は国有財産売却の絶対不可侵性を確立するためにも、政府直属の県知事に県参事会の主宰権を委ねることで、訴訟に対する影響力の行使を目論んだのである。[24]

本来、地方行政の役割分担を重視するのであれば、県知事に県参事会の主宰権が認められたことに対して、激しい批判が起きてもよさそうなものだが、現実にはドヌーが危惧を表明した程度で議論は終わった。ポスト革命期の政治エリートがどれだけ即物的であったかがよくわかる事例である。

地方利益の代表

地方行政における第三の職務、すなわち租税配賦を担当したのは県会と郡会である。県会と郡会の職務は、県内の諸郡、諸都市、諸村の間の公正な租税配賦を実現し、公共の信用をそれらの活動に与えることであった。くわえて、県会と郡会は、県または郡の状態と必要に関して意見を表明することができた。レドレルによれば、それが許されるのは以下の理由による。「中央政府は県会と郡会に、住民の状態と必要に関する意見を表明する権限を与える必要があると考える。自由と正義の友である中央政府にとっては、公共の願望を知り、とりわけその願望を真の源泉から引き出すことが重要である。もしこの源泉が、全市民の集会によって作成されるリストに記載された名士のうちから各地で選出された所有者の集会のなかにないのであれば、それはどこにあるというのか。世論があるのはそこであって、著者や扇動者の本当の動機がわからないような嘆願書のなかにあるのではない(25)」。

実は、ここでレドレルによって想定される県会と郡会は、革命期の行政会議とは一線を画したものである。なぜなら、国民統合を目的に創設された革命期の行政会議は、住民の代表的性格はいっさい備えない行政機関として構想されていたのに対して、県会と郡会には、住民の代表的性格が明確に付与されたからである。

そのうえ、県会と郡会には世論の集約機能が期待された。革命期には、政治クラブや民衆が嘆願書などを用いて行政機関に圧力をかけ、交渉したり、異議を申し立てたりすることで、法の執行を阻害してきた。[26] しかし、ブリュメール一八日のクーデタがパリでは反ネオ・ジャコバンを意味したように、ブリュメール派は民衆が政治的影響力を行使することを認めようとはしなかった。むしろ彼らは、革命期の直接民主政的な実践をできるだけ抑え込もうと、県会と郡会に地方利益の代表的性格を排他的に付与し、政治的空間から政治クラブや民衆を排除しようと企図したのである。このように、政治クラブや民衆を排除して、政治エリートで構成される公的機関に世論を独占させようとする態度は、ブリュメール派に共通してみられたものである。彼らは革命を終わらせるためには、その理念の一部（もう一つの「革命の成果」）を放棄することさえ辞さなかったのである。[27]

とはいえ、県会と郡会には県知事の専制支配から住民を守ることも期待されていたことを、忘れてはならない。国務参事官のシャプタルは、住民の利害を代表する県会の設立により、県知事の不正から住民を守ることができると主張した。県会は内務大臣に直接県知事の不正を知らせることができたので、県知事の専制支配に対する抑止力になりえたのである。シャプタルによれば、それら「民会（conseils populaires）」は、一般行政を阻害することなく、しかし住民の利害に配慮することで、公正な行政を実現するものであった。[28]

結局、地方行政の役割分担について、議会で激しい批判はみられなかった。ブリュメール一八日以後の政治エリートの間には、執行の単一性と地方行政の役割分担について、幅広い合意が形成されていたことになる。

三層構造の地方行政

一七九九年憲法は、「フランス共和国の領土は諸県と諸郡に分けられる」と規定している。実際、国務参事官のレドレルは立法院で、領土区分については県が維持されること、そして総裁政府期の小郡行政は廃止され、およそ四〇〇の郡に統合すると説明している。したがって、憲法の規定に従えば、県と郡の二層構造の地方行政が設立されるはずであった。ところが、法案では、郡の下に市町村が置かれることで、県、郡、市町村からなる三層構造の地方行政の設立が予定された。

こうした矛盾について、護民院では激しい議論がみられた。三層構造の支持者と二層構造の支持者が対立したのである。実は、プリュヴィオーズ法の制定プロセスで、最も激しい議論が交わされたのはこの点であった。では、なぜ意見の対立が生じたのだろうか。

議会議事録を詳しく検討してみると、両者の間には総裁政府期の小郡行政に対する評価の違いがあったことがわかる。三層構造の支持者の主張からみてみよう。彼らはしばしば、総裁政府期の小郡行政に厳しい評価を下した。その理由としては、第一に、小郡行政の数が全国でおよそ六〇〇〇とあまりにも多く、過度の支出を引き起こしていること、第二に、小郡の狭さに対して行政官の人数が多いので有能な行政官を選出できないこと、第三に、にもかかわらず住民へのサーヴィスの提供の点ではむしろ小郡は広すぎることの三点があげられた。国務参事官のレドレルはこれらを「三重の不都合」として、小郡行政を激しく批判した。[29]

護民院議員のデュドネの考えでは、そもそも小郡行政は設立の経緯からして間違いがあった。彼によれば、かつてテルミドール派は、革命独裁の反動から、その手先として働いたディストリクトを過度に危険視して、その廃止が不可欠であると思い込んでいたという。したがって、小郡行政とは、そうした思い込みによる「盲目的な予防」の産物でしかなかった。結果、六〇〇〇もの小郡行政の濫立は、中央行政との連絡を困難にし、各地で混乱を引き起こした。[30] 同じく護民院議員のデルピエールもまた、小郡行政の設立が行政システムに機能不全を引き起こした原因だと主張した。彼によれば、小郡行政の四分の一では行政官（市町村の代理人と補佐役）を集めることができなかったし、また集まったとしても、そのようなローカルの場では、「煩わしさや陰口の精神」が支配していたという。[31]

以上の理由から、三層構造の支持者は小郡よりも規模の大きい郡の行政を基盤とするべきと考えていた。しかし、そうなると郡の下に、住民に日常的にサーヴィスを提供できる行政の設立が不可欠になった。そこで、彼らは市町村行政の設立、すなわち三層構造の地方行政を主張するに至ったのである。

では、これらの主張に対して、二層構造の支持者はどのような議論を展開したのだろうか。護民院の委員代表ドヌーは、法案が提示する三層構造の地方行政に対して、主に二つの観点から批判を加えた。第一に、憲法の観点から、そもそも一七九九年憲法が三層構造の地方行政を想定していなかったとして、法案の違憲性を主張した。第二に、公益の観点から、郡が有能な行政官を選出するのに適した広さを持つ点ではその重要性を認めつつ、しかし二層構造の方が行政機能はよりスムーズであるに違いないと主張した。ドヌーの場合、確かに三層構造の支持者とは意見を異にするものの、有能な行政官の選出を課題として認めている点は注目すべきである。[32]

二層構造の地方行政を最も強く支持したのは護民院議員のジレである。ジレが根拠にしたのは革命期の経験であった。彼によれば、かつて一七八九年から一七九五年まで存在した三層構造の地方行政（県、ディストリクト、市町村）が有効に機能しないことはすでに実証済みであり、その経験を踏まえれば、「一〇〇の県、五〇〇の郡、四万の市町村を統治するのが実現不可能である」ことは明らかであった。[33] 護民院議員のシャルル・ガニルもまた、共和国に四万の市町村行政を再建することは、これまで憲法制定議会に対して向けられてきた批判を無視するものであるとして、これを拒絶している。[34]

三層構造の支持者とは異なり、二層構造の支持者は総裁政府期の小郡行政を高く評価した。たとえばジレは、小郡行政が多くの批判に晒されてきたことを認めつつも、それらの批判からは当時の政府（総裁政府）と法律の欠陥を差し引かなければならないと主張した。彼によれば、「制度自体に欠陥はほとんどみられなかった」のである。さらにジレは、モンテスキューの『法の精神』を引用して自説を補強している。彼は、一七九九年憲法の条文において、郡（arrondissement communal）に

「コミュナル」の形容詞が付されていることに注目し、郡内の住民が互いをよく知り、頻繁に交際し、共通の利害を持つ「大家族」のような行政がそこでは想定されているとして、小郡行政こそがそれにふさわしいと訴えたのである[35]。

こうした批判は憲法を根拠に展開されていたので、法案の支持者がそれに真正面から反論することは難しかった。結局、国務参事官のレドレルは、憲法では第三段階の行政が述べられていないだけであり、その設立が禁じられているわけではないと強弁せざるをえなかった。レドレルは、彼の反論をこう締めくくっている。「この法案で提示される地方行政が三層構造であろうとなかろうと、もしそれが必要ならば大した問題ではない。憲法がフランス全土で警察と行政の中断と消失を望んだと考えるのは、憲法に対する冒瀆である[36]」。

実際、レドレル自身、一七九九年憲法の制定に深く関わっていたことを考えれば、レドレルもまた当初は二層構造の地方行政を考えていたのではないかと勘繰りたくなる。仮にそうだとすれば、憲法の制定後、国務参事院で法案が審議されるなかで、市町村行政の再建の必要性が認められたことになるだろう。残念ながら、この点に関する国務参事院の議事録は残っていないので、正確なことはわからない。ただし、この会議に参加したナポレオン自身が、市町村に対する愛着を示していたことはよく知られている。たとえばナポレオンは、内務大臣のリュシアン・ボナパルト宛の書簡において、「もし戦争が私を必要としないならば、私はフランスの繁栄を市町村から始めるだろう」と述べているし、イタリア王国の行政再編の際には、市町村を無理矢理合併することには反対を表明している[37]。

むろん、市町村行政の再建を求めたのはナポレオンだけでなく、護民院にはその再建を積極的に主張する議員もいた。たとえばデルピエールらは、市町村行政を再建することで、コミューンの名望家に名誉を取り戻させなければならないと訴えたのである。おそらく国務参事院でも意見が割れた結果、共同体のアイデンティティを保持しつつ、しかし一般行政を阻害しない形での市町村行政の再建が最終的に認められたのであろう[38]。

地方行政官の任命制

一七九九年憲法では、地方行政のすべての行政官を任命するのは第一統領と規定された（第四一条）。ただし、郡の行政官は郡名士リストから、県の行政官は県名士リストから選ばれたので、選挙制が完全に否定されたわけではなかった。しかし、革命期にはすべての地方行政官が選挙で選ばれていたことを考えれば、地方行政官に事実上の任命制が採用されたことは、地方行政システムの大きな転換を意味していた。

ところで、前述のとおり、一七九九年憲法には市町村行政に関するいかなる規定も存在していなかった。したがって、三層構造の地方行政が採用されると、市町村長、助役、市町村会議員の採用方法について護民院で議論が交わされた。この問題は、プリュヴィオーズ法が従来の行政官の公選制に代えて、任命制を採用した理由を探るうえで興味深いので、最後にこの点を検討したい。

まず護民院で審議の対象になったのは、県知事が人口五〇〇〇人未満の町村長と助役、および全市町村会議員を任命するとした法案の規定であった。憲法に従えば、市町村の公職者を任命するのは県知事ではなく、第一統領でなければならないとの主張が出されたのである。たとえばジレは、農村部の市町村長が第一統領ではなく県知事によって任命された場合、市町村長は住民に対して十分な権威を担保できないのではないかと危惧している[39]。

その一方で護民院では、市町村の公職者の「任命」自体はまったく問題視されず、選挙を主張する声はほとんど聞かれなかった。それどころかデルピエールは、共和国が置かれた現状に鑑みて、市町村選挙は不可能であるとして、こう主張している。


今日、人々の願望に応えることのできる行政官が、選挙の投票箱から現れると信じられるだろうか。フランスの広大な領土で、党派心、憎悪、中傷、報復、対立が市町村を支配し、人々の集まりを混乱させ、暴力的なものにしているというのに。あなた方は、投票によって、不偏不党で勇気のある人が選ばれると信じるのか。信じることなどできまい。何らかの党派に肩入れする人が選ばれるであろうし、市町村の選挙集会に人々が集まることは、秩序と休息をもたらすよりも、喧騒を長引かせるのに好都合である。結局、法案が提案する任命制が求められることになるだろう[40]。

ドヌーは他の議員とは異なる観点から、市町村の公職者の任命制を支持した。彼によれば、およそ四万の市町村に一二人の公職者（市町村長、助役、市町村会議員）を設置した場合、およそ五〇万人を数えることになり、全体で六〇万人を想定する郡名士リストのほとんどを埋めてしまうことが予想された。しかし、憲法第一四条では、「最初の諸機関を形成するために任命される市民は、必ず最初の被選挙人リスト（名士リスト）に登録されていなければならない」と規定されていた。その場合、県知事が名士選挙の前に、自分の意思で自由に任命した人物が郡名士リストのほとんどを埋めることになるので、逆説的に「政治的自由への障害」が生じてしまうと主張したのである。ドヌーの考察は非常に優れたものであるが、その一方で、彼もまた市町村での直接選挙はまったく念頭になかったことがわかる。(41)

護民院では市町村選挙の実施を求める声はあがらなかった。それほどまでに、当時の政治エリートには選挙アレルギーが広がっていた。市町村選挙を実施して、ふたたび過激派が台頭し、市町村行政が機能不全に陥ることを彼らは恐れていた。そのため、国務参事官のレドレルはこれらの議論に対して以下のように簡潔に答えれば十分であった。すなわち、憲法が「地方行政」という言葉を用いる場合、そこに含意されているのは県行政と郡行政だけであり、したがって、第一統領が名士リストから行政官を任命しなければならないのはこれら二つの行政でしかなく、市町村の公職者はその対象外であるというのが、彼の意見であった。かくして、革命期に一〇年続いた市町村選挙の伝統はここに潰えたのである。[42]

このように、ブリュメール一八日ののち、地方行政官の任命制は大した議論もなく採用された。その背景には、政治エリートの選挙アレルギーがみられたが、実は、総裁政府期に積み重ねられた経験もまた無視できない作用を及ぼしていた。たとえばハワード・ブラウンはその点こそが重要であったとみている。すでに述べたとおり、総裁政府期には、地方行政官の公選制が採用されていた。その結果、各地で右派（王党派）や左派（ネオ・ジャコバン）が行政官に選出されたので、総裁政府は思いどおりに地方を統治することができなかった。県中央行政に付置された総裁政府執行委員もそうした事態に対処する権限を持たなかった。結局、総裁政府はフリュクティドール一八日のクーデタやフロレアル二二日のクーデタで繰り返し行政機関の粛清を行い、自ら行政官を補充していたのである。こうしたことを踏まえ、ブラウンは、プリュヴィオーズ法はすでに総裁政府期に実施されていた「民主主義に反する制度」を合理化したにすぎず、そこに断絶はなかったと結論づけたのである。[43]

ブリュメール派と地方統治

本章では、プリュヴィオーズ二八日法の制定プロセスに注目して、同法制定の背景にあるブリュメール派の統治理念を検討した。ポスト革命期の政治エリートは、旧体制期から革命期にかけての地方行政システムに対する共通の歴史認識を持っていた。革命期の地方行政システムは、旧体制期の地方長官の専制支配を拒絶し、地方三部会の利点を引き継いで創設された。残存する世襲王権に対抗するために、選挙で選ばれた多数の行政官からなる行政会議、すなわち討議団体が法の執行を担当したのである。こうした討議団体は、人民の代表を自称し、一般意志の表明であるはずの法が適正であるかを議論した。そのうえ、それらの討議団体は政治クラブや民衆などの外部圧力を受けたので、法の執行はしばしば阻害された。一七九五年憲法はこれらの問題を解決するために、県の行政官の人数を削減し、市町村行政を小郡行政に統合した。そして、県と小郡には政府代理人を設置し、行政の監視にあたらせた。しかし、集団指導体制が完全に否定されることはなく、また政府代理人も行政官としては権威が不十分であり、地方行政システムは有効に機能しなかった。ブリュメール一八日以後に新たに行政改革に取り組んだ政治エリートが抱いた歴史認識、あるいは現状認識はかくなるものであった。

プリュヴィオーズ法の制定プロセスでは、これらの問題を解決するための議論が進められた。そして、そのなかでブリュメール派の統治理念が具体化していった。したがって、彼らの統治理念においては、原理よりも経験が重きをなしていた。迅速で画一的な法の執行を実現するために、革命期の集団指導体制は否定され、執行の単一性が正当化された。しかし、執行の責任を負う行政官の専制支配（旧体制期の地方長官の専制）に陥らないために、行政裁判を県参事会に、地方利益の代表を県会と郡会にそれぞれ委ねることで、地方行政の役割分担が図られた。この点で、彼らの間では広い合意が形成された。

　その一方、意見が割れたのは総裁政府期の小郡行政に対する評価であった。小郡行政が有効に機能しなかったと強く批判する意見と、小郡行政に制度上の欠陥はなかったと主張する意見が対立したのである。前者は、小郡行政の数の多さが行政システムを混乱させたことに加えて、小郡行政を担っていた行政官が無能であったと主張した。したがって、行政機関の数を削減し、有能な行政官を供給するために、より規模の大きい郡の形成が求められた。一方で、住民に日常的にサーヴィスを提供するために、郡の下に市町村行政の設立が必要とされた。市町村行政が再建されることで、農村部のコミューン名望家が名誉を取り戻すことができるとも考えられた。

　これに対し、小郡行政擁護派は三層構造の地方行政は違憲である点、郡行政はコミュナル行政でなければならない点、そしておよそ四万の市町村行政の再建は行政システムを機能不全に陥らせる点をあげて批判した。実は、総裁政府期の小郡行政に対する歴史家たちの評価は現在でも定まっていないが、当時の政治エリートの間でも評価は割れていたのである。しかし、結局は小郡行政批判派の意見が優勢を占めて、県、郡、市町村からなる三層構造の地方行政が設立された。要するに、統領政府初期の行政理念は、有能な者の抜擢と能率化を含むシステム整備を目指した三層構造に基づく中央集権化と規定できるだろう。

　こうした市町村行政の再建を伴う領土区分の再編は、各地で好意的に受けとめられた。たとえばジャン＝ピエール・ジュセンマは、「ブリュメール一八日以後、村の一体性が自治と礼拝の参加への熱望から取り戻された」と述べているし、モーリス・アギュロンもまた、「名望家が秩序の約束として捉えた総裁政府の崩壊は、民衆層には、通常の生活への回帰の始まりとして捉えられた」と論じている[44]。したがって、市町村の自治行政の再建は、地域住民が新体制の正統性を認めるうえで、重要な役割を果たすことになった。この点で、「法案が示す領土区分の再編は、ブリュメール一八日が諸県にその幸福な影響を感じさせるのに不可欠である」とした護民院議員モンジェの発言は、正鵠を射たものであった[45]。

プリュヴィオーズ法の制定プロセスでは大した議論の対象にはならなかったものの、同法の特徴としてとくに重要なのが行政官の任命制であった。革命期には一般に、選挙で行政官が選ばれていたので、任命制の採用は大きな転換を意味していた。ただし、一七九九年憲法は、第一統領が県と郡の行政官を名士リストから任命すると規定しており、革命期の選挙原理はかろうじて残存した。むしろ、この点で大きな変化がみられたのは市町村レヴェルである。市町村行政は憲法で規定されていなかったので、名士リスト制度の対象外とされたのである（ただし、次章でみるように、名士リスト制度の議論のなかで、市町村長と助役は最終的に名士リストに含まれた）。

ポスト革命期の政治エリートには、政治的に過熱した選挙集会に対する強烈な不信感がみられた。党派心や憎悪が支配する市町村において、選挙集会を開催したところで、有能な行政官は選出されず、むしろ喧騒を長引かせるだけでしかないと、彼らは考えたのである。平和と秩序が再建されない限り、市町村選挙の再開など決してできないというのが、彼らの共通認識であった。

したがって、プリュヴィオーズ法の制定プロセスにおいて、総裁政府期の小郡行政の評価を除けば、ブリュメール一八日以後の政治エリートには広い合意が形成されていたことがわかる。では、小郡行政をめぐっては、その後、どのような展開が生じたのだろうか。

ここまでみてきたとおり、統領政府は当初、市町村に基づく統治を構想し、多くの行政事項が市町村レヴェルで取り組まれることを期待していた。しかし、小郡行政の支持者が危惧したように、市町村行政は政府の思惑どおりには機能しなかった。農村部の市町村長や市町村会は、農村共同体の論理に基づき、国家の利益よりも住民の利益を優先したからである。それは政府が望む事態ではなかったので、帝政期には、農村部の市町村から次第に重要な行政事項が取り除かれ、小郡庁所在地に移管されていった。その結果、小郡庁所在地の行政上の重要性がますます強まるのに対し、農村部の市町村行政に残されたのは、農業や共同地の管理など、共同体に固有の問題のみとなった。農村共同体のアイデンティティを維持しつつも、事実上の「小郡への回帰」がみられたことになるだろう。小郡行政をめぐる議論は、こうして決着がつけられたのである。(46)

第四章　選挙制度の改革
――安定的な統治を求めて

世論に基づく統治へ

ブリュメール派は一七九九年憲法により、強力な執行権力を打ち立てた。さらに共和暦八年プリュヴィオーズ二八日法は、徹底的に画一化され、中央およびトップに強大な権力が付与された行政システムをフランス全土に確立させた。こうして、安定的な統治を可能にする基礎が形作られた。しかし、いかに執行権力が強大であろうとも、世論の支持がなければ現実の統治は不可能である。実際、ブリュメール派は世論に敏感な革命家たちであった。彼らは選挙制度の失敗こそが総裁政府体制の崩壊の原因であると理解しつつも、選挙制度を完全に捨て去るところまでは踏み切れなかった。そこで彼らが考案したのが名士リスト制度である。

一七九九年憲法によって規定された名士リスト制度の概要は次のとおりである。まず基本として、使用人や浮浪者を除く二一歳以上の男子に選挙権が認められ、有権者の総数は六〇〇万人と想定された。彼らが六〇万人の郡名士（notables communaux）を選出し、リストが作成される。ついで郡名士が互選により六万人の県名士（notables départementaux）を選出し、リストに登録する。最後に、県名士が互選により六〇〇〇人の全国名士（notables nationaux）を選出・登録する。以上のプロセスを経て、三種類の名士リストが作成されるが、郡名士リストに登録された者は郡（および市町村）の、県名士リストは県の、全国名士リストは中央の公職候補者となり、統治権力（第一統領、元老院、県知事）によって任命される資格を得た。(1)

名士リスト制度は、前章で述べたように発案者のシィエスの理念を忠実に反映したものとされる。すなわち、公職者が人民の信任を得ること、三段階の互選を経ることで名望と才能を持つ人物に高位職を保証すること、統治権力の任命により政治的安定を実現すること、である。まさにそれは、「信任は下から、権力は上から」の理念を如実に示すものであった。

しかし、名士リスト制度をシィエスの作品としてのみ理解してはならない。名士リスト制度は複雑で非効率な代物であったが、ブリュメール派からほとんど批判されることなく一七九九年憲法によって規定された。それは、彼らの期待するところを名士リスト制度が実現してくれると考えられたからである。憲法で大枠を規定された名士リスト制度であったが、法制化にあたっては大変な作業が必要とされた。それを主導したのはブリュメール派からなる国務参事院であり、なかでもレドレルが主宰する内務部を中心に、議論が進められた。一七八九年の革命家で総裁政府期にジャーナリストとして活躍したレドレルが、秩序の再建を重視して、改憲派のシィエスと合流し、ブリュメール一八日を準備したことは、すでにみたとおりである。したがって、名士リスト制度の生成プロセスにおける一連の議論を検討することは、ブリュメール派がどのような統治体制を構築し、それにより何を実現して革命を終わらせようとしたかを具体的に理解するのに不可欠な作業となるはずである。

制度のしくみ

実は、名士リスト制度のしくみを明らかにした研究はこれまで存在しない。名士リスト制度はしばしば、普通選挙、三段階の互選、任命制の組み合わせとして理解されているが、それだけではこの制度の半分しか理解したことにはならない。したがって、まずは制度のしくみをみておこう。

名士リスト制度を具体的に規定するのは共和暦九年ヴァントーズ一三日法（一八〇一年三月四日成立。以下ヴァントーズ一三日法と略）である。同法は、郡名士、県名士、全国名士の選出とリスト作成のための準備、投票、開票について規定している。その後の選挙の雛型となる郡名士の選出方法からみてみよう。(2)

まず準備段階として、各市町村で市町村会が投票権を有する市民リストを作成し、郡長のもとにそれらが集められる。郡長はすべての市町村のリストが揃うと、郡内の市民を諸区（série）に分割する。その際、五一人から一五〇人の市民で構成される市町村は一つの区を形成するが、一五一人から二五〇人の場合は二つに分割され、二五〇人から三五〇人の場合は三つというように順次区の数が増えていく。逆に市民の数が五〇人以下の市町村は近隣の市町村と統合される。この作業が終わると、郡長は郡内の市民の数、区の数、そしてそこから算出される選出すべき人数（市民の一〇分の二）を確定して一覧表を作成し、各市町村に送付する。最後に、各区に一人の投票監督者と二人の開票立会人が任命されて準備が完了する。

しかし、一八〇一年選挙だけは、いくつか特定の作業が予定された。第一に、選挙時に公務のために不在の市民への配慮から、不在市民の一〇分の一が郡名士に選出されることが規定された。また、各市町村では、郡内の全区の不在市民の名前がまとめて提示されることで、不在市民への投票が可能になった。第二に、すでに選挙に先立ち、一八〇〇年に公職者が任命されていたことへの対応として、憲法第一四条で規定された、郡名士リストに必ず登録されなければならない郡内の公職者リストが作成された。[3] そして、該当する公職者の数を在住市民の一〇分の一と不在市民の一〇分の一のそれぞれから、等しく差し引くことが定められた。

投票は、プレリアル一日（五月二〇日または二一日）から二週間実施される。その際、毎日八時間にわたり投票所が開かれる。投票所は各区の投票監督者の住居か、もし支障があれば開票立会人のなかでより高齢の人物の住居に設置されるが、近隣市町村と合同で形成された区であれば、市民は市町村長または助役の住居で投票できる。

投票はまず二種類の投票用紙への記載によって行われる。各投票用紙には、先に述べたように郡長によって決定された区割のなかに居住する市民の一〇分の一の市民の名前が記載される。第一の投票用紙には、郡内で投票者が属さない区に在住する市民または不在の市民の名前しか記載できない。第二の投票用紙には、自身の属する区に在住する市民または不在の市民の名前を記載しなければならない。ここで重要なのは、投票者は自身の属する区の市民以外にも投票しなければならない点である。しかも、これで終わりではない。投票者はさらに追加投票用紙にも記載する。そこには、郡長によって作成された公務のために不在の市民リストから、その一〇分の一の人々を選んで名前を記載しなければならない。こうして、あわせて三種類の投票用紙を投票者は投じることになる。

最後に開票である。開票は公開で行われる。三種類の投票用紙のうち、最初の二種類の投票用紙は開票されるとまとめて第一リストが作成される。そこには得票者の名前と得票数が記載される。次に追加投票用紙の開票が行われ、第二リストが作成される。各区で二種類のリストが作成されると、郡長のもとに集められ、郡全体で集計される。一八〇一年には、すでに郡名士リストへの登録が確定している郡の公職者が開票作業を担当した。開票は第一リストの集計から始められ、郡の市民の一〇分の一からなる最多得票者のリスト（予備リスト）が作成される。予備リストのなかに、決められた人数の不在市民が含まれていれば、その時点で開票は終わるが、そうでなければ第二リストの集計が行われ、最多得票者を順次必要な数だけ予備リストに追加で記載し、その分、最下位を占めていた現に居住中の市民がそこから削除される。リストの先頭に、すでに郡名士の選出が確定している郡の公職者が記載されて、ようやく郡名士リストが完成する。

県名士と全国名士の選挙も基本的には郡名士選挙の規定に準じて実施された。ただし、いくつか違いもみられた。県名士選挙では、各郡の郡名士を三〇〇人から六〇〇人の諸区に分割し、互選で郡名士の一〇分の一にあたる県名士の選出が行われる。その際も投票用紙は同じく三種類に分けられ、第一投票用紙では投票者が属さない区の郡名士から、第二投票用紙では自身が属する区の郡名士から選ばなければならない。追加投票用紙は同じく不在者のみにあてられる。投票は郡庁所在地に居住する最高齢の公証人の住居で行われ、各区の投票監督者と開票立会人のもと実施される。また、県名士リストの先頭には、登録が確定している公職者の名前が記される(4)。開票は郡長、郡会議員、開票立会人の立ち会いのもと、郡会議場で公開で行われる。

全国名士選挙では、互選で県名士の一〇分の一にあたる全国名士が選出される。投票は県庁所在地に居住する最高齢の公証人の住居で行われ、県庁所在地に在住の県名士のうち、最高齢二人と最高納税者二人が開票立会人を務める。投票用紙は二種類あり、それぞれに県名士の五分の一にあたる人数の県名士の名前が記載される。主要投票用紙には、不在または在住の県名士、追加投票用紙には不在の県名士のみが記載され、主要投票用紙から先に開票される。開票は、前述の五人に県知事、県参事会員の立ち会いのもと実施される。こうして作成されたリストの先頭に全国名士リストに必ず登録されなければならない公職者の一覧が付されて、県の全国名士リストが完成し、元老院に送られる。なお、作成された名士リストは三年ごとに刷新すると定められていた。すなわち、死亡者などの代替選挙や信用を失った名士のリストからの抹消が想定されていた。[5]

以上が名士選挙のしくみである。法制化された名士リスト制度が極めて複雑であることがわかるだろう。なぜこのような複雑怪奇な制度でなければならなかったのかを分析しなくてはならないが、その際に論点となることをあらかじめ整理しておくと以下のようになる。第一に、区の分割と郡単位の選挙（élections communales）、第二に、三種類の投票用紙の存在（区内、区外、追加）、第三に、個別投票と相対多数、第四に、不在者の取り扱いである。以下では、主にこれらの論点に注目しながら、名士リスト制度を規定したヴァントーズ一三日法の制定プロセスを検討してみよう。

郡単位の選挙

名士リスト制度に関する国務参事院での会議の最初の議事録は、一八〇〇年八月六日付のものである。実は、国務参事院総書記によって作成され、会議の様子を詳細に伝える議事録は、これだけである。しかし、この貴重な史料から第一統領主宰の国務参事院における議論がどのように行われたかを垣間みることができる。[6] また、同年一〇月八日付で作成された「国務参事院で行われた議論の第一レジュメ」が、その間の議論について要約しているので、それを補足的に用いながら議論の争点を明らかにしたい。[7]

議事録によれば、名士選挙に関する法案はすでに内務部によって提出されて国務参事院で一度論じられたところだったが、議論を再開するにあたり第一統領から、投票者が自身の地区（section）外の市民に投票することは実行可能なのかについて疑義が呈された。これを受けてブーレーは、各市民が自身の地区に属する市民の一〇分の一に投票し、これにより各集会で選出された市民たちが郡名士リストに登録されるというやり方の方がいいのではないかと国務参事官に問うた。

この案を積極的に支持したのはアントワーヌ＝フランソワ・フルクロワであった。彼は、内務部案では郡内の一部の市民しか選出されなくなることを問題視し、投票者が対面で知っている人物についてしか考えないことはまったく自然であると主張して、投票者が属する地区内での市民の選出を支持した。さらにフルクロワは、市民が自身の地区から名士を選出することで、すべての市町村に一定数の名士を確保でき、結果として公務を担うのに最も有能な人物を各市町村に配置できるとした。しかし、この意見に対して内務部長のレドレルは強く反発した。彼にとってそれは地区単位の選挙にほかならず、内務部の提案する郡単位の選挙とは本質的に異なるものであった。何よりも、公務に誠実で有能な人物を就かせることを望む憲法の精神に最も適うのは、内務部案であると再度主張した[8]。

このように、レドレル、フルクロワ、ナポレオンの間で郡単位の選挙と地区単位の選挙の優劣が議論されたことが史料から読み取れる。この点に関する議論は「第一レジュメ」に詳しく書かれているので、それを参照しよう。

ここで問題となるのは、憲法が郡全体に共通選挙を義務づけているのか、または郡内の地区ごとに選挙を実施することを認めるか否かである。まず用語の問題が確認され、地区単位の投票(scrutins sectionnaires)と地区単位の選挙(élections sectionnaires)を混同してはならないという点が強調された。前者は郡内の各地区の投票結果が集められて全体として開票し、共通選挙を実施することを意味する。つまり郡単位の選挙である。後者は、各地区がそれぞれ市民の一〇分の一を選出することを意味する。つまり各地区のリスト(当選者)の寄せ集めが名士リストとなる。憲法では、「フランス共和国の領土は諸県と諸郡に分けられ」(第一条)、「各郡に地方行政が設立される」(第五九条)ことが想定されており、「各郡の市民は投票により、彼らが公務を担うのに最も適していると信じる市民を指名する。その結果、信任リストが作成され、そのなかから郡の公職者が採用されなければならない」と規定されていたので、郡が選挙単位を構成しなければならないことは明白であるということになる。

さらに郡単位の選挙は公益の観点からも支持される。公益が要求するものは主に二つあるとされる。第一に、国民のなかで最も有能な人物が名士に選出されること、第二に、彼らが市民の信任を得ることである。なぜなら、有能であっても市民に尊敬されない人物は善をなすことができないし、またできたとしても、その行為は市民からは否定的に評価されてしまうからである。この点で、地区単位の選挙は公益の実現にとって障害をなすとされた。実際、人口のほとんどが農村部住民または大都市の貧民地区の住民であることを考えれば、地区単位の選挙が実施された場合、農村部や貧民地区から無能な人物が多数選出されることは目にみえており、それに対し都市部の支配層からはごく少数しか選出されないだろうと推測されるからである。また、郡名士は郡の公職候補者であるにもかかわらず、隣人や友人からの票のみによって選出されたとすれば、市民の信任は十分とはいえない。最後の論点として、郡単位の選挙では、都市部でも農村部でも有能な人物に投票する自由が市民に与えられることが利点としてあげられ、自由の原理が主張された。(9)

こうして、郡単位の選挙と市民が自身の地区外の市民から一〇分の一を選出することが規定された内務部案が支持された。「レジュメ」には議論の発言者が記載されていないが、都市支配層への揺るぎない信頼と郡単位の選挙の支持からも、それがレドレルの見解であることは間違いない。

八月六日付の議事録と一〇月八日付の「第一レジュメ」では、レドレルの主張する郡単位の選挙が国務参事官の多数の同意を得て、優先的に論じられることが決定された。しかし、郡単位の選挙を具体的に実現する方法を考え出すのは容易でなく、またあまりにも都市支配層に有利な制度に対して不満を抱く国務参事官も少なからずおり、一〇月二〇日付の「第二レジュメ」では郡単位の選挙案、地区単位の選挙案、混合案が出されて比較検討された。(10) さらに二八日付の「第三レジュメ」では地区単位の選挙への回帰が強く主張された。その根拠として、第一に、アメリカ、イギリス、および一七八九年以来のフランスで実施された選挙はすべて地区単位の選挙であったこと、第二に、地区単位の選挙ではすべての市町村に名士を配置することができ、彼らが他の住民に対する模範を示し、秩序を作り出すことができることがあげられた。さらに地区単位の選挙の重大な欠陥である都市支配層の不利益については、大都市の地区を五〇〇人単位に拡張することで、選出できる実数を増やすことが提案された[11]。

以上の議論を踏まえ、一〇月二八日法案が作られたが、一一月二五日付の内務部文書ではすでに、その後ヴァントーズ一三日法として決定される諸項目が、ほぼ確定している[12]。この間の議論の経過を知ることはできないが、内務部案の郡単位の選挙と各区（もはや地区という言葉は使用されない）での投票、区内と区外の市民それぞれへの投票という形に落ち着いた。しかし、農村部の区に属する市民に投票する者はおそらくその地域の市民に限られることが予想されるので、都市支配層に有利な制度であることに違いはなかった。この点では内務部案の勝利が認められる。その一方で、ヴァントーズ一三日法とは別に、郡名士リストに必ず登録されなければならない公職者のなかに、当初予定されていなかった市町村長と助役が含まれていたことには、注目しなければならない。すなわち、市町村長と助役が名士として農村部の市町村に配置されることで、農村部住民の代表性に配慮がなされたのである[13]。

直接選挙と相対多数

八月六日の国務参事院会議において、第一統領が郡単位の選挙の次に議論を提起したのは、選出する権利の委譲である。実は第一統領は革命期に用いられた二段階の間接選挙を郡名士選挙に導入することを望んでいた。この点について、フルクロワは引き続き第一統領を支持し、シャプタルは曖昧な態度をとったが、国務参事官のほとんどが憲法では市民の直接選挙が想定されているとして、第一統領の意見を退けた。また、第一統領は、内務部案では相対多数（pluralité relative）、すなわち一回の投票で他者との比較において最も多く得票した者が名士に当選することが認められている点を違憲とし、投票者の絶対多数（majorité absolue）、すなわち複数回の投票を経て過半数の票を獲得することにより選出されなければならないとしたが、国務参事院の結論は絶対多数を求めないというものであった。それは後述するように、個別投票の議論と密接に絡み合うものだが、あらかじめ述べておくと、複数回の投票が実施される場合には、候補者を当選させようと躍起になる「党派（parti）」や「陰謀家」（すなわち王党派やネオ・ジャコバン）の影響力が強まる恐れがあるために、相対多数による一回のみの投票制が採用されたのである。(14)

こうしてみると、第一統領が主宰する国務参事院会議ではあるが、第一統領よりも国務参事官が優位なのは明らかである。あえて第一統領の考えを議事録から抽出すれば、第一に地区単位の選挙、第二に間接選挙、第三に絶対多数での名士の選出ということになろう。実はこれは、革命期の選挙制度に倣った見解であり、むしろ当時としては穏当なものであった。しかし、国務参事院が最終的に選択したのは、第一に郡単位の選挙、第二に直接選挙、第三に相対多数による名士の選出であった。この制度の画期性は明らかだが、内務部長のレドレルが議論を主導しつつ、他の国務参事官の意見も取り入れて計画案を調整し、名士リスト制度の形ができあがったのである。

それに対し、第一統領は議論の高度な専門性についていくことができず、議論から事実上排除された観さえある。終身統領政（一八〇二年八月）以降、国務参事院に対するナポレオンの圧力が強まることはよく知られているが、少なくともこの時期には、国務参事官は比較的自由に議論を行い、第一統領よりも優位に立って議論を進める場合もあったのである。(15) ただし、名士リスト制度が政治的に安定した統治体制を打ち立てる可能性がある点で、第一統領にもそれを受け入れる余地があったことには留意すべきである。

不在者の取り扱い

国務参事院での議論は一八〇〇年一一月二五日の段階でほぼ完了したと考えてよいが、その後、この法案は各大臣に諮問され、意見が提出された。とくに外務大臣のタレーランは長々とした提案を送りつけ、それに対して内務部長のレドレルが返答している。この議論は名士リスト制度における不在者の取り扱いに関わる重要なものなので検討に値する。(16)

外務大臣の提案は、一八〇一年に作成される名士リストに以下の市民を登録するよう要求するものであった。第一に、海事省の第一等級の武官と文官一〇〇人、第二に、陸軍省の第一等級の武官と文官一〇〇人、第三に、外務省の外交と商業に携わる文官（外交官）四〇人である。しかし、この提案では海事省と陸軍省における「第一等級」の職位が何を意味するか不明であり、また外務省の場合にはどういう条件を満たす四〇人なのかも不明だった。レドレルは憲法と公益の観点から外務大臣のこの提案を批判した。まず憲法によれば、名士とは本来文民の公職候補者であるから、軍事外交上の公職との相互性は認められないという。そして、これは公益にも関わる問題であった。

レドレルにとって、公益とは有能な人物がその能力に相応する公職に従事することであった。そこから公職の昇進制度（graduatité）が生まれたが、革命は市民の信任だけを代表制の原理に据えたことで昇進制度を形成できず、多くの有能な人物がその階段を上ることができなかったとレドレルはみていた。その反省を踏まえて、名士リスト制度は段階的に構成された。しかし、名士リスト制度で保証される能力とは当然、文民の公職の能力にほかならず、軍事上の能力とは本質的に異なるものであるとレドレルは主張する。たとえばある人物が軍隊で将軍の地位に昇進したとしても、彼が破棄院の裁判官としての資質を備えるかといえば否であるし、逆もまた然りである。外交官に関しても、外交上の秘密をただ一人知りうるのが第一統領であるにもかかわらず、それを知りえない市民が選出した名士のなかから外交官が任命されなければならないとすれば、それは奇妙なことであった。かくして、レドレルは外務大臣の提案を退けた。

しかしながら、レドレルは外務大臣の提案にも汲むべき論点があることを認めている。外務大臣が最も恐れたのは、将軍や外交官が祖国を不在にしているうちに、名士選挙において市民に忘却され、名誉にあずかれないことであった。レドレルにとってもそれは憂慮すべき問題であった。しかし、もし外務大臣の提案のように不在であることが一種の特権と化してしまえば、将来、政府がそれを悪用することも懸念された。そのうえ、将軍に特権を付与する一方で、一兵卒が政治的権利を奪われることもまた望ましくなかった。実際、将軍が必ずしも一兵卒に比べて勇敢で有能だとも言えはしない。

以上を踏まえ、レドレルは論点を二つにまとめた。第一に、公務のために市民が故郷を不在にすることで、彼らの被選挙権が毀損されないこと、第二に、戦時において、共和国の軍人が市民に忘却されないことである。そして、これを実現するために、第一に、名士選挙で公務のために不在の公職者（軍人も含む）の一覧表が作成されて市民に提示されること、第二に、公務のための不在者は代理人により投票できるようにすることを、内務部は提案した。

ヴァントーズ一三日法ではこれらの提案のうち、前者は実現したが、後者についてはどう決着したかわからない（少なくともこの点に関する記述はない）。しかし、外務大臣と内務部のやりとりのなかで、不在者に関する取り扱いの重要性が認識されたことは確かである。なぜなら、同法では一八〇一年選挙に限り、不在市民のリストが作成され、彼らの一〇分の一が郡名士（ついで県名士、全国名士）に選出されることが予定されたからである。それを実現するために、投票用紙では在住と不在の区別が重視され、追加投票用紙を用意して、必ず不在市民の一〇分の一が選出されるように配慮されたのである。それは戦時下で多くの軍人が故郷を離れていることを考慮したものであった。

しかし、だからといってレドレルは軍人に特権を与えようとしたわけではなく、むしろそれは、「不在であることが不在者に特権を作り出してはならず、また損失を与えてもならないという原理」に基づく解決策であった。有能な将軍なら誰でも政府の指導者になれるわけではない。すべての軍人は文民的な名士選挙の階段を上ることでようやく高位の職に就くことができる。その意味で、ブリュメール一八日以後に創設された新体制は「軍事独裁」では決してなかった[17]。

以上、ヴァントーズ一三日法の制定プロセスを検討することで、名士リスト制度が国務参事院会議において、国務参事官、第一統領、大臣らの意見を踏まえて作り出されたブリュメール派の集団的創造物であったことが明らかになった。では、ブリュメール派は名士リスト制度の設立により、何を実現しようとしたのだろうか。革命期の反省に立つ彼らは、一体どのような思惑から、名士リスト制度を作り上げたのであろうか。

革命期の選挙制度

名士リスト制度は、革命期の選挙制度を徹底的に見直し、その反省から作り上げられたものである。ここで、革命期の選挙制度を概観しておこう。

革命の当初から革命家たちは、すべての国民が政治的主権を行使することを想定していなかった。憲法制定議会は市民を、政治的主権を行使できる能動市民（二五歳以上で三日分の賃金に相当する直接税を納める男性）とそうでない受動市民に区別した。被選挙権はさらに厳しく制限された。そのうえ、能動市民が投票できたのは一次選挙集会（小郡集会）のみで、県やディストリクトの公職者については、一次選挙集会で選ばれた二次選挙人（県選挙集会）が選出した。

なお、投票様式は選挙集会と複数回の投票による絶対多数での選出が、革命期の選挙制度の基本原則をなした。選挙集会は当時の人々にとって「常にどこにでも存在する、集団的政治参加の標準的枠組み」であったし、衆人環視のもとで投票が行われることで、不正や圧力を排除できると考えられた。しかし逆に、啓蒙思想家で革命家のニコラ・ド・コンドルセが指摘したように、選挙集会では選挙人が他者の影響を受けるので、各人が理性に基づいて投票できないとの批判も早くからみられた[18]。また煩雑な作業を伴うにもかかわらず、複数回の投票を前提とする絶対多数での決定が規定されたのは、旧体制期の選挙における共同体の全員一致主義の観念が、革命家たちにも根強く残っていたからである[19]。

いずれにしても、革命の当初、制限選挙と間接選挙が採用されたことからも、富と才能のある階層こそが統治者としてふさわしいと考えられていたことは明らかである。しかし、そこで革命は終わらなかった。国内での相次ぐ事件と諸外国との戦争は革命を加速させ、一七九二年八月一〇日、民衆の圧力により王権は停止された。革命を維持ないし推進させたい革命家たちは、民衆の支持を不可欠とみて制限選挙を撤廃し、二一歳以上のほぼすべての男性に投票権が認められた。しかし、革命家たちの間には民衆運動へのとまどいもみられ、結局、直接普通選挙を規定した一七九三年憲法は施行されなかった[20]。

テルミドール九日のクーデタによって革命政府が解体されると、革命家たちの民衆に対する不信感は高まった。投票権の年齢制限は引き下げられたままであったが、間接選挙は維持され、被選挙権については、二次選挙人に選出されるのに一〇〇～二〇〇日分の賃金に相当する不動産の所有が求められるなど、有産者寡頭支配的な性格が強まった。総裁政府はこうした統治の実現のために、一方では民衆やネオ・ジャコバンを排除し、他方では王党派の勢力拡大に警戒しなければならなかった。

ところが、そのような中道政治はすぐに危機に瀕した。実際、総裁政府の創設前からすでに、テルミドール派国民公会は三分の二法令を可決して選挙民を失望させていた。さらに一七九五年憲法では、革命独裁への回帰を警戒して毎年の選挙が規定されたが、むしろ選挙集会では党派間の争いが明確な形をとって現出した。両極の政治グループの選挙キャンペーンは凄まじく、毎年の選挙結果が文字どおり左右されたので、総裁政府はそのたびに選挙結果を無効にし、そのせいで国民の全般的な不信を招いた。ブリュメール派がクーデタを決行したのはそのような状況下であった[21]。

制度の理念と思惑

そもそも、ブリュメール派は革命期の選挙制度のどこに問題があると考えたのだろうか。また、その反省に立ちながら、どのような思惑から名士リスト制度を作り出したのだろうか。この点で興味深いのが、内務部長のレドレルの世論に関する一連の著作、および彼により表明された法案理由と護民院の批判に対する反駁《はんばく》である。彼は、革命期の選挙制度を論じることで名士リスト制度を構想したのだが、その裏には彼の政治的な思惑もまた隠されていた。

実際、ブリュメール派は、革命期の選挙制度が政権を支える幅広い支持基盤を築くことに繋がらなかった点を問題視した。とりわけ総裁政府期には、クーデタによる選挙の無効化は論外としても、間接選挙が維持され、また被選挙権に厳しい制限がかけられたことで、政権の支持基盤を狭める結果になった。幅広い支持基盤の上に政権を打ち立てるためにも、本来は民衆を世論の形成者として包摂しなければならなかった。では、理論的にはどのようにして民衆の包摂は可能になるのだろうか。また、そこから導き出される選挙制度とはどのようなものであったのか。ここではレドレルの『国民の多数者、それが形成されるしかた、それを認識しうる手段、そして世論の理論について』（一七九七年）（以下『世論の理論』）を参照しよう。

レドレルによれば、社会にはまず一般的な感情に基づいた民衆の様々な意見が存在する。しかし、一般的感情を備える民衆が自然的多数者であり、かつ国民の多数者であるとしても、彼らが政治的決定に積極的に参加することは想定されない。レドレルにとって、政治的決定を下し、自然的多数者を従わせるのは富と才能のある人々でしかなかった。正確に言えば、財産を備えることで知性と教育を手にした教養ある階層である。レドレルはこう述べている。一般的感情は「人民のうちの最も貧困で最も偏狭な階層のうちで生まれるが、それは常に、才能ある人々や財産家たちへと上昇していく」。反対に、「世論は、ピラミッドの頂上をその源泉とし、また常に下位の階層へと下降していく」。すなわち、「富と才能のある人々は（中略）一般的感情を吸い込み、世論を打ち出す」というのである。[22]

レドレルにとって、民衆は一般的感情しか持ちあわせない存在でしかなかった。それに対し、教養ある階層は、そうした感情を汲み取り、洗練させ、そこから真の問題点を抽出できると彼は考えた。つまり、ここでは一般的感情の上昇過程が想定されている。その過程で、教養ある階層は自らの意見を形成し、公に表明することで、世論が作り上げられていくとしたのである。そして、今度はこの世論が逆方向に下降することで、民衆にまで広まることが期待された。すなわち、一般的感情の上昇過程と世論の下降過程の階層的な循環構造を想定することで、民衆を世論に包摂できると考えたのである。

むろん、レドレルの民衆に対する態度は両義的である。一方では、彼は民衆を世論の形成者として包摂しようとするのだが、同じく革命期の反省から、民衆が直接政治に影響を及ぼすことは避けなければならなかった。あくまで富と才能のある階層が統治すべきというのが、レドレルをはじめとするブリュメール派の共通認識であった。

レドレルがここで主張しているのはメリトクラシー（富と才能の貴族制）そのものであり、彼の言葉で言えば「功績の特権」であった。彼によれば、旧体制期には世襲貴族の特権が存在した。これを革命は破壊したが、革命期には傲慢で無知な者、「陰謀」を巡らす愚か者だけが公職に辿り着くことができた。つまりそこには「無能の特権」が存在した。世襲貴族の特権と「無能の特権」をともに打破し、革命期に実現できなかった「功績の特権」を打ち立てることこそが、レドレルの目的であった。[23]では、そのような民衆に対する両義的な認識に基づくなら、具体的にどのような選挙制度が構想されうるか。

レドレルによれば、民衆は社会において個別利害を認識しており、そこから一般的感情を発する存在だという。つまり、社会に存在する諸利害を認識できる点で、民衆もまた政治にある程度まで参加できるとみなされたのであり、その結果、民衆にも選挙権が認められた。しかし、レドレルが世論の形成者として認めるのはあくまで富と才能のある階層でしかなく、実際に統治すべきは彼らでなければならなかった。この点は、三段階の濾過を経ることで、民衆に影響力を行使できる人物、すなわち名望家が公職候補者としてリストに登録されることで達成されるとした。さらに、レドレルにとっては、財産を基準に秩序化された世論のなかから、真に公的有用性を備える人物を識別し、公益に適う政治を主導できるのは、統治権力だけでしかなかった。したがって、名士リストから公職者を任命するのは統治権力でなければならないと、彼は主張したのである。[24]

かくして、名士リスト制度の大枠が作り上げられた。ブリュメール派がそれにより実現しようとしたのは、第一に、民衆を包摂しつつ、世論の幅広い支持を受けた政権を打ち立てること、第二に、富と才能のある階層が公職に安定的に供給され公職に奉仕することで、強固な統治体制を築くことであった。

革新的な投票様式

以上のブリュメール派の目的を達成するには、革命期の投票様式にもメスを入れなければならなかった。結果として、名士リスト制度は革命期の選挙制度とは異質な形を取らざるをえなかった。この点を、一八〇一年二月二八日に、政府の代弁者としてレドレルが立法院で表明した法案理由から検討してみよう。レドレルはまず、憲法によって規定された名士リスト制度の目的を、フランスに代表統治（gouvernement représentatif）のすべての利益を享受させ、またその不都合を取り除くことであるとする。そして、一七九九年憲法以前には真の代表制は存在しなかったとして、名士リストの三段階構成と統治権力による任命制の必要を主張した（レドレルの世論観を参照[25]）。

ついで、名士の被選挙権に何ら制限が設けられなかった点が説明された。彼によれば、所有の条件は市民の政治的平等を毀損し、年齢の条件は早熟の有能な人物を落胆させるとしていずれも否定すべきだとされ、名士の特権をすべての人に開くことの重要性が説かれた。その一方、同法には、無知で偏狭な群衆が公職を熱望することで競合を過熱させないこと、「陰謀」や「党派心（esprit de parti）」が尊敬を受ける有能な人物を公職から遠ざけないようにすることが求められた。一言で言えば、同法は「制度化された名士が自然な名士と対立しないように、すなわち政治的名士が道徳的名士と対立しないように」作り上げられなければならなかった。つまり、レドレルが同法の制定によって目指したのは、社会ですでに認められた名望家の「公認」にほかならなかったのである。

そして、それを実現するには、できるだけ多くの市民が投票する必要があるとされた。それは少数の「陰謀家」による影響を弱めるためであるが、同じ理由から、革命期のような選挙集会の開催も避けなければならなかった。そこで採用されたのが市民を諸区に分割することと個別投票であった。市民が諸区に分割されることで、郡単位の選挙が可能になった。また、投票期間が二週間で、毎日八時間投票所が開かれることで、市民は好きな時間に個別に投票することができた。実際、レドレルによれば、この制度では、市民は時間も費用も失うことなく、三年間で一五分だけ投票に時間を割けば十分であった。つまり、革命期に実施された選挙集会ではなく個別投票が採用されたのは、第一に、多くの市民に投票させること、第二に、選挙集会での喧騒を避けること、第三に、選挙集会で「陰謀家」や「党派」が民衆を扇動するのを避けることが目的だったのであり、反体制の抑止の意図があったからなのである。それはまさに、総裁政府期の選挙集会が王党・ジャコバン両派の選挙キャンペーンによって政治的に過熱し、選挙結果が大きく左右されたことに対する反省によるものであった。

相対多数による一回の投票で名士の選出が認められたのも、これと同じ理由からである。絶対多数を獲得する者が出るまで投票を繰り返す場合、少数の政治グループの策謀が選挙に及ぼす影響が懸念された。しかしながら、相対多数では少数の投票で名士に選出されることもありうるので、「名望なき名士の一群」を生み出す恐れがあった。そのため、投票者には所属する区外の市民への投票を義務づけざるをえないのだと、レドレルは弁明している。むろん、この選択の背景には、都市支配層を優先的に選出させる意図が隠されていたことは、すでにみたとおりである。

かくして、個別投票、相対多数、投票者の区外にいる市民への投票の義務づけを組み合わせることで、名望家が公職候補者（名士）として選出される回路が作り出された。市民は自らの意思で政治的権利を行使するも、統治者が望む人物が自然と選ばれるしくみが作り上げられたのである。それはブリュメール派の願望の最大公約数的な産物であった。(26)

議会での応酬

ところで、この法案に対しては護民院で一部批判の声があがり、一八〇〇年三月四日、レドレルはこの批判に対する反駁を立法院で展開せざるをえなかった。ここでは主に二つの批判を取り上げよう。

最初の批判は、領土の行政区画に基づいて選挙区画が形成されたことに向けられた。前章でみたとおり、もともと憲法では郡の範囲が明確化されていなかったが、結局、共和暦八年プリュヴィオーズ二八日法では、革命期のディーストリクトに準ずる区画が採用された。これに不満を持つ議員から、憲法では郡の範囲は小郡に相当するものが想定されていたとして、郡名士選挙は行政区画とは別に、小郡単位で実施されるべきだとの声があがった。しかし、レドレルは、憲法では郡の利害に関わる行政官が共通選挙を経て任命されることが求められているのだから、郡以外の単位で選挙を実施することはできないとこの意見を一蹴している。レドレルによれば、すべての公職候補者（名士）と行政区域民の間には、諸利害によって統合される「信用の共同体」が設立されなければならなかった。(27)

第二の批判はより根源的である。すなわち、「共和国のなかに、自由な人民の歴史においては類例のない、破壊不可能の恐ろしい貴族政を生み出すのではないか」という護民院議員ピエール＝フランソワ・デュシェーヌからの批判である。これに対してレドレルは、デュシェーヌは「貴族政(aristocratie)」の意味するところを明確に述べていないとして、まずその定義に取り掛かる。レドレルはジャン＝ジャック・ルソーに倣い、貴族政には三種類あるとする。第一に自然な貴族政、第二に選挙による貴族政、第三に世襲貴族政である。(28) そして、批判者が念頭に置いていたのはおそらく、自然な貴族政か選挙によるそれであろうと述べる。

また、別の議員から「血統貴族（patriciat）」を設立するものとして名士リスト制度が批判されたことを取り上げて、それに対する反駁からレドレルは始める。世襲貴族政を嫌悪する彼にとって、この批判は堪え難いものであった。彼によれば、そもそも貴族とは起源を辿れば征服と略奪により支配者となった者たちの末裔にほかならず、世襲貴族政とはその末裔にあたる軍事貴族が公職を息子に排他的に譲ることで確立した専制支配であった。しかし、名士リスト制度では、公職候補者となる権利を与えられた名士がその肩書きを息子に与えることは許されていない。むしろ市民の信任を得た有能な人物からなる名士は、「功績に基づく区別（distinctions du mérite）によって、生まれの区別（distinctions de naissance）を消失させる」存在であるから、世襲貴族政とは相反するものであると、レドレルは論じる。

自然な貴族政はどうだろうか。かつてルソーが用いたこの言葉は年長者による支配を意味したが、名士リスト制度ではいかなる年齢制限も課されていないのでこれもあたらないとレドレルは言う。したがって、残るは選挙による貴族政となるが、レドレルによれば、選挙による貴族政とは同郷人から信任された賢者による統治であり、すなわち代議制民主政（démocratie représentative）を意味した。その点でこれは、すべての市民が直接的に法の制定に参加し執行する政体、すなわち純粋民主政（démocratie pure）とは本質的に異なるものである。つまり、名士リスト制度が設立するのは代議制民主政、すなわち選挙による貴族政であると結論した。では、選挙による貴族政は寡頭支配を作り出し、公益に反する結果をもたらすであろうか。レドレルの答えは否である。名士リスト制度では、一〇人の名士に対して一つの公職ポストが想定されており、穏やかな競合が可能になっているからである。

しかし、いったん名士リストに登録されると、そこから抹消するには投票者の絶対多数が求められたので、名士の罷免は事実上不可能であるとの批判が起きた。これに対してレドレルは、名士の罷免は確かに難しいが、名士に選出され公的人物になると彼の評判は市民のよく知るところとなるから、不正行為を働いた場合には罷免されることはやはり可能であるとした。もし名士リストからの抹消に絶対多数を求めないとしたら、少数者による誹謗中傷の結果、公職者が罷免されることになるので、彼が公務を公正に行うことを妨げることにしかならず、いっそう恐ろしい状態であると反駁した。レドレルの考えでは、名士の安定性こそが憲法の目指すところであった。

このように、理論上は信任と功績の原理がポスト革命期の政治エリートの結集軸として掲げられたわけだが、ここまでみてきたように、ブリュメール派の現実的な思惑からすれば、選挙集会の「政治化」を避けるために、多くの選挙民に個別に投票させることが重要であった。加えて、すでに社会で一目置かれている名望家が公職候補者（名士）として選出されること、そして彼らが公職に奉仕することで、強力で安定した政権運営を実現することこそが、その主眼であったと結論できる。

名士の選出

最後に、名士リスト制度に対する地方住民の反応、すなわちその適用局面について若干の考察を加えたい。

ヴァントーズ一三日法が可決されると、各地で名士選挙が行われた。選挙の投票率の算出は史料の残存状況から困難ではあるが、ジャン＝イヴ・コッポラーニによれば、たとえばノール県の郡名士選挙では市民の七五％が投票した一方で、ニース市の諸区では六～四二％と地域によって開きがみられた。ただし、名士選挙では名望家による住民の動員力がものをいう農村部においてより高い投票率が予想されるので、投票率の全国平均は五〇%程度と推定できるとしている[29]。革命期には、一次選挙集会（小郡集会）での投票率が最も高かった一七九〇年選挙でも四〇%程度で、翌年から総裁政府期にかけては二〇%以下にすぎなかった[30]。郡名士選挙が民衆にも選挙権を認めていたことを考慮すれば、当時としてはかなり高い投票率を記録したことになる。確かに、統治権力の裁量が大きい制度ではあったが、必ずしも選挙が形骸化したわけではなく、むしろそれまで「政治性」の強い選挙集会を避けてきた穏健な名望家が名士に選出されたいと考えるようになり、積極的に選挙運動を展開したと考えることができる。暫定的ではあるが、できるだけ多くの市民に投票させるという制度の目的は達成されたと言えよう。

では、どのような社会経済的性格を備えた人物が名士に選出されたのだろうか。ここでは一例として、オート・ピレネー県の各名士リストから名士の職業構成を概観しよう[31]。同県タルブ郡の郡名士（一九〇二人）の職業構成は、農民（cultivateur および laboureur）八八五人（四六・五%）、土地所有者（propriétaire）八七人（四・六%）、法曹（homme de loi）三八人（二・〇%）、聖職者（prêtre および curé）三八人（二・〇%）、保健官（officier de santé）三八人（二・〇%）、公証人（notaire）三二人（一・七%）、卸売商（négociant）二八人（一・五%）、軍人（militaire）二四人（一・三%）、その他（三八・四%）である。なお、その他のカテゴリーに分類される者のうち三六二人（全体の一九・〇%）は市町村長または助役の身分のみが記載され、それ以外の職業が言及されていない者である。選挙時に現職の市町村長と助役が選挙抜きで無条件に郡名士リストに登録されたのは、すでにみたとおりである。

これに対して、県名士（四三六人中職業判明者二五〇人）の職業構成は、法曹六三人（二五・二％）、土地所有者四七人（一八・八％）、医師（médecin）三二人（一二・八％）、公証人二八人（一一・二％）、卸売商一七人（六・八％）、聖職者一四人（五・六％）、農民一一人（四・四％）、その他（一五・二％）である。つまり、郡名士と比べると県名士では、農民より土地所有者の割合が多く、司法・自由業関係者の割合も増加している。さらに全国名士（四三人）をみると、職業（profession）が記載された者は九人のみだが、医師四人、法曹三人、文筆家（homme de lettres）一人、土地所有者一人となり、農民はもはやみられない。以上の職業構成をみる限り、各リストに登録された名士の間に一定の社会経済的格差があったことは疑うべくもない。

次に名士の居住地に目を転じると、県名士では県庁所在地のタルブ市に居住する者が九〇人（二〇・六％）、ルルド町二三人（五・三％）、バニェール市（郡庁所在地）二二人（五・一％）、トリ村二〇人（四・八％）、アルジュレス村（郡庁所在地）一八人（四・一％）であるのに対して、全国名士では、タルブ市居住者が二二人（五一・二％）と県庁所在地への明らかな集中がみられた。したがって、名士リストは上のレベルにいくほど、都市支配層の選出傾向が強まっている。ブリュメール派が望んでいた、富と才能を備えた都市支配層を頂点とするピラミッド構造が、こうして確立したのである。

選挙の実態

こうした結果だけをみるとブリュメール派の願望は果たされたようにみえるが、選挙自体はつつがなく実施されたのであろうか。この点を、護民院に寄せられた名士リストに関する苦情から検討してみよう。

革命の伝統に倣い、すべての個人は嘆願書を護民院に送ることができた（一七九九年憲法第八三条[32]）。そのため、名士リストが作成されると、各地から護民院に対して選挙に関する苦情が寄せられた。その数は全部で八六件であった。しかし、その内容を分析してみると、そのうち四六件は名士選挙とは直接関係のない治安判事選挙における不正などの訴えであった。治安判事選挙は、名士リストとは独立して小郡単位で実施されたが、ヴァントーズ一三日法で規定された投票様式を採用していたので、同法に関する苦情としてまとめられたのである。これを除くと、名士選挙に関する苦情は四〇件となる。その地理的分布は二八県に及び、全国に散在しているが、南西部のアキテーヌ地方（ジロンド県）からラングドック地方の東部（ガール県）にかけての一一県が一つの地域をなしている[33]。

四〇件の嘆願書の送り主の内訳は、市民個人が一四件（三五・〇％）、市町村、小郡、郡の市民が連名で苦情を申し立てたものが一一件（二七・五％）、治安判事が八件（二〇・〇％）、郡名士の連名が四件（一〇・〇％）、市町村長と助役が三件（七・五％）である。市民が個人または連名で嘆願書を作成した場合が全体の七割以上を占めたことになる。治安判事からの苦情が比較的多いのは、前述の八六件中四六件が治安判事選挙に関する苦情であったことからもわかるとおり、当時、治安判事のポストをめぐって名望家の激しい競合がみられたことが影響している。たとえばアリエ県ブルボン・ラルシャンボー小郡の治安判事は、小郡の合併による治安判事のポストの減少が候補者争いを過熱させたことで、選挙の不正が行われたと主張している(34)。

名士選挙において、最も多くみられた苦情は投票監督者と開票立会人に関するものである。一八〇一年の郡名士選挙では、各区の投票監督者と開票立会人は、郡名士リストに必ず登録される郡の公職者によって任命された。つまり革命期のように市民が選挙で直接選んだ者が投開票の責任者を務めたわけではないので、市民の願望と当局の意思の間に齟齬が生じる恐れがあった。例として、ウール・エ・ロワール県ソワセ村の村長と助役による苦情をみてみよう。それによると、同村のある土地所有者の使用人で署名さえできない人物が、本来、投票権を持たないにもかかわらず投票者リストに記載され、そのうえ同村の第二区の投票監督者に任命されたことが告発されている。それは土地所有者が選挙を有利に進めるために仕組んだことであり、郡長が投票監督者を任命する際、郡内の市町村長と助役を呼ばなかったことにその原因が求められた(35)。投票監督者と開票立会人が読み書きができないとして批判された例はこれだけではなく、ガール県ロクモール小郡の治安判事の苦情でも同じ問題が訴えられて、交替が要求された(36)。

投票監督者による不正の手段は、投票者リストの改ざん、あらかじめ準備した投票用紙の配付、開票の非公開、結果の改ざんなど、多岐にわたる。たとえばオート・ピレネー県トリ小郡住民の苦情では、投票監督者と開票立会人が投票の開始以来、毎晩共謀グループのもとに投票箱と鍵を持っていき、当日投じられた票を彼らがあらかじめ用意した票にすり替えたという。さらに、投票監督者が投票者に対してあらかじめ用意した投票用紙を渡し、「これがあなたの投票用紙です。これでうまくいきます」と述べたとされる。また別の投票監督者は、投票箱に鍵を付けず、「我々の党派の人々しかそこにあってはならない」と言って、投票用紙を彼が用意したものにすり替えたという。[37]

このように嘆願書では選挙の生々しい現実が語られるが、そこでしばしば述べられる「党派」または「党派心」という言葉には留意すべきである。この場合必ずしも政治的な党派が問題なのではなく、その実態はむしろ名望家の「派閥」に近いものであった。これは、選挙が違憲状態で行われたことを訴えるために、あえて「党派」や「党派心」を強調して告発していたとみられる。

これに対して、名士選挙における政治的対立が明確に指摘された事例は二件のみである。アリエージュ県パミエ市では、市民が県名士選挙での投票監督者と開票立会人の不正を告発した。告発者によれば、彼らはみな「ルイ一八世の代理人」であり、「王党派の蜂起の共謀者」で、「反革命に積極的に加担した者たち」であった。その結果、政府と共和国を愛する市民や国有財産購入者が県名士リストから意図的に排除されたという。[38] タルン＝エ＝ガロンヌ県モントバン市長と助役の苦情もまた、県名士選挙における政治的対立を指摘している。同市では、選挙の前に選挙対策委員会

(comité d'élection) が「政府の敵」である「反共和政」の人々によって立ち上げられ、その代理人たちが夜な夜な小郡を奔走し、諸区の投票監督者と開票立会人に、彼らの「党派」の願いを実現するための不正な手段を伝授したというのである[39]。

これら二つの事例は、嘆願書が比較的多いフランス南西部でみられた。したがって、これらの地域では王党派の残存勢力による選挙活動への一定の影響力が働いていたと想像される。ただし、名望家の派閥争いと政治的対立とは明確に区別できるものではなく、両者は少なからず混じり合い、また他派閥を攻撃する手段として「政治イデオロギー」が利用される場合も多々あったので、厳密に判断するのは難しい。しかし、「政治イデオロギー」を理由とした選挙不正に関する抗議が二件にとどまったことは、比較的穏当に名士選挙が実施されたことを推測させる。実際、名士選挙のために形成された区が全国で六万以上を数えたであろうことを考慮すれば、名士リストに対する抗議がせいぜい四〇件にとどまったこと自体、混乱が少なかったことの何よりの傍証である。

むろん、次章で詳しく述べるが、選挙の前年に起きたサン＝ニケーズ街での第一統領暗殺未遂事件の結果、ネオ・ジャコバンの残存勢力はすでに国外追放されており、また反革命亡命者への宥和策とコンコルダの調印による王党派勢力の取り込みが進められていたことには、留意すべきである。少なくとも、住民一〇人につき一人の名士という郡名士選挙の制度設計は、政治的対立を緩和したと言えるだろうし、政治的対立の問題は県名士選挙の段階で時折表出する程度にとどまったと思われる。この点で、名士リスト制度は、選挙における喧騒と「陰謀家」の影響を避けるという目的をある程度果たすことができたと結論づけられよう。

ブリュメール派と選挙制度

名士リスト制度はブリュメール派の統治理念に基づいて形成された選挙制度である。しかし、それが極めて複雑な形式をとらざるをえなかったことは否定し難い。名士リスト制度の創設を主導したレドレル自身それを認め、時計の比喩を用いて弁明している。つまり、そのしくみを理解しようとすれば極めて複雑な機械であることがすぐにわかるが、それを使用する者にとっては、現在の時刻さえわかれば何の問題もないのである。名士リスト制度も然りである。レドレルにとって、市民が制度のしくみを理解することは必ずしも必要ではなかった。決められた手順に従って投票さえしていれば、おのずと「最良の社会」が形成されることが期待できたからである。[40]

実際、名士リスト制度の複雑性は、ブリュメール派の願望から生じたものである。三段階の互選と任命制は代表制、能力主義、安定した統治の実現のために構想され、郡単位の選挙は都市支配層の優先的選出および公職者と住民の間の「信用の共同体」の設立のために、個別投票と相対多数は市民の最大限の信任の獲得、政治グループの圧力の排除、反権力の抑止を可能にするために作り出されたものであった。名士リスト制度とは、これらの様々な歯車が微妙なバランスをとりながら複雑に組み合わされて作られた機械装置であった。この装置を働かせることで、強固で安定した統治体制を築き上げ、革命を終わらせることができると考えられた。それはまた、一九世紀名望家時代の扉を開くことを意味していた。

地方住民もまた名士リスト制度を受け入れた。名望家の動員力に起因する投票率の高さと選挙に関する苦情の少なさがそれを証明している。そして、選挙の結果作成された名士リストでは、ブリュメール派が望んだように都市支配層の優位と、市町村長と助役の自動的な選出による一定の地域代表性が実現されたのである。こうして、ブリュメール派は自らが望む形での統治体制を築き上げたかにみえた。しかし、それは終わりの始まりでもあった。かねてより国務参事院の影響力に不満を持っていたナポレオンは、一八〇二年、レドレルを国務参事院から排除し、八月四日、名士リスト制度を廃止して新たな選挙制度を創設したのである。(41)

第五章　安全保障国家の形成
——国内外の危機と世襲帝政の樹立

クーデタ翌日の首都

ブリュメール一八日の翌日から、ブリュメール派は新憲法の制定に着手し、強力な執行権力を打ち立てた。さらに地方行政システムは中央集権化され、選挙制度も刷新された。こうして、ブリュメール派が望む形で制度が整備されていった。しかし同時に、ブリュメール派は即座に解決すべき問題も抱えていた。国民の生命と財産を守ることである。総裁政府末期に第二次対仏大同盟が結成され、フランスの国境が脅かされていた。それに呼応して、国内では反革命運動が活発化し、各地で反乱や匪賊行為が頻発した。こうした一七九三年を想起させる事態を前に、ネオ・ジャコバンによる革命政府の再建を恐れて、ブリュメール派はクーデタを実行したのである。したがって、首都において、ブリュメール一八日は何よりもまず、反ネオ・ジャコバンを念頭に置いたクーデタであった。

実際、クーデタの翌日から、シィエスらはネオ・ジャコバンの弾圧を開始した。国内平和の再建を理由に、ブリュメール一九日法令第三条が適用され、およそ六〇人のネオ・ジャコバンの指導者が流刑に処された。一八〇〇年一月以降、ネオ・ジャコバンを支持する主要な新聞が廃刊となり、残存するネオ・ジャコバンも警察の厳しい監視下に置かれた(1)。

しかし、すべての脅威が取り除かれたわけではなかった。合法的な政権奪取が不可能であることを悟ったネオ・ジャコバンの残党は、第一統領暗殺を企てはじめたのである。ただし、ネオ・ジャコバンのネットワークはすでに崩壊しており、暗殺の企てはすべて孤立した小グループが計画したものであった。こうした事態に対し、警視総監のルイ＝ニコラ・デュボワは厳しい態度で臨んだ。たとえばベルナール・メジュという人物は、ナポレオンを酷評する辛辣なパンフレットを刊行し、ナポレオンをフランスから追放するよう国民に呼びかけたとして逮捕され、第一統領暗殺を企てたことを理由に一八〇一年一月に処刑された。陰謀に関与したと思われるジャコバンたちもまたパリから追放された。

統領政府はそうした行為が広まっていくことを恐れて、これらの事件をあまり表立たないように処理した。しかし、一八〇〇年一二月のサン＝ニケーズ街襲撃事件（図5－1）は、その規模からしてもはや隠しようのない出来事であった。

図５－１　ナポレオンを狙ったサン＝ニケーズ街襲撃事件（1800年12月24日）

一八〇〇年一一月、ナポレオンの暗殺を決意した二人のフクロウ党員（王党派）、ジョゼフ・ピコ・ド・リモエランとピエール・ロビノー・ド・サン＝レジャンがパリに入った。情報を入手した警察大臣フーシェは彼らを尾行させたが、二人は警察をまくのに成功した。一二月二四日夜、計画は実行に移された。彼らはナポレオンがテュイルリー宮殿からオペラ座に向かう道中に、爆弾（通称「地獄の仕掛け」）を仕掛けた馬車を留め置いたのである。馬車を購入したのは下っ端のフランソワ＝ジョゼフ・カルボンであった。ところが、着火が遅れたことで、ナポレオンは幸いにも爆発から逃れることができた。しかし、被害は甚大であった。一〇人が死亡し、およそ三〇人が負傷したのである。

サン＝ニケーズ街襲撃事件の報はすぐに全国に伝わった。警察が事件の主謀者として真っ先に疑ったのはネオ・ジャコバンであった。前述のとおり、ネオ・ジャコバンの残党による第一統領暗殺の企てはすでに何度も計画されていたからである。実際、このサン＝ニケーズ街での襲撃は、一〇月に逮捕されたネオ・ジャコバンのシュヴァリエの計画を想起させるものであった。実は、王党派はネオ・ジャコバンの計画を模倣することで、襲撃の責任を彼らになすりつけようとしていたのである。ナポレオンは襲撃の翌日から、ネオ・ジャコバンを「九月の虐殺者たち」と罵り、流刑に処すべきジャコバンのリストを作成するよう命じた。こうして、陰謀に関与したとされるネオ・ジャコバン一三〇人が逮捕され、流刑に処された。これが致命的な一撃となり、ネオ・ジャコバンは壊滅した。

その間に、警察は王党派の関与を明らかにした。警察の調査により、一八〇一年一月、襲撃に直接関わったとされるカルボンとサン・レジャンが逮捕され、処刑された。リモエランは逃亡に成功し、アメリカに渡った。さらにこの事件は、王党派に対する大規模な弾圧の口実となり、七八人の王党派が事件に関与したとして逮捕され、投獄された。王党派の主要な指導者たちが投獄されたことで、王党派の運動もまた致命的な打撃を被った。確かに、その後も抵抗運動は散発したが、実際には、ネオ・ジャコバンと同様に、首都の王党派もまた事実上無力化されたのである(2)。

クーデタ翌日の地方

首都で展開したブリュメール一八日は、地方では比較的穏やかに受け入れられた。しかし、たとえば、イゼール県、モーゼル県、ジュラ県、セーヌ＝エ＝オワーズ県、カルヴァドス県、シェール県、アンドル県、アリエ県、クルーズ県、ウール県、ヨンヌ県、パ＝ド＝カレ県、アンドル＝エ＝ロワール県、ローヌ県、オート＝ガロンヌ県では、民心の動揺がみられた。また、パ＝ド＝カレ県やピレネー＝ゾリエンタル県では、臨時統領政府の設立を命じるブリュメール一九日法令の公布を地方当局が拒否していたし、トゥールーズ（オート＝ガロンヌ県）のジャコバン・クラブはクーデタに抗議したため、軍隊の介入を招いていた。

確かに、それらの抵抗や抗議はどのみち長続きしなかったが、ブリュメール派は国を治めるために、ただちに地方を統制下に置かなければならなかった。共和暦八年プリュヴィオーズ二八日法による地方行政システムの再編はその一端であったが、それに先立ち、不安定な状況に対処すべく、ブリュメール派はすべての県で地方行政官の大規模な粛清を実施した。ここであるねじれが生じたのだが、これは非常に重要である。ブリュメール一八日は、首都では反ネオ・ジャコバンを意味していたが、地方で粛清された行政官の多くは右派に属していたのである。こうした事態について、ティエリ・レンツは、「地方では、ブリュメール一八日は右派に対するクーデタとして理解された」と述べている(3)。なぜそのような矛盾した事態が生じたのだろうか。それを理解する鍵は、当時、フランス各地でみられた反革命運動にある。

統領政府は設立当初から、各地で頻発する反革命運動や匪賊行為の問題を抱えていた。新体制が安定した統治を実現するためには、これらの問題にただちに対処しなければならなかった。とりわけ、フランス西部のフクロウ党の反乱は激しさを増し、南仏では王党派の抵抗や匪賊行為も頻発した。

第一統領の座に就いたナポレオンがとくに注視したのは、フランス西部の状況である。彼は革命を本当の意味で終わらせるべく、反革命のシンボルであるヴァンデ地方の平定を決意した。一七九三年以来、その地は反革命運動の拠点であり、第二次対仏大同盟の結成に呼応して、一七九九年秋からふたたび運動を活発化させていた。総裁政府末期には、ル・マンやナントなどいくつかの都市が反革命軍によって一時的に占拠される事態もみられた。そのような事態に対して、総裁政府はガブリエル・ド・エドヴィル将軍を現地に派遣して、なんとか抵抗を試みていた。この点で、ブリュメール一八日は何ら変化をもたらさず、ナポレオンは総裁政府の政策を引き継ぎ、エドヴィル将軍を西部方面軍の司令官として留任させた。なお、この時、西部方面軍は「イギリス方面軍」と呼ばれており、統領政府が国内外の危機を連動した一体のものとして捉えていたことは明らかである。

その一方、新体制は国内平和のための宥和政策を実行した。一七九九年一一月一三日には、反革命亡命者の親族に狙いを定めた人質法が廃止され、反革命亡命者に対する法律の緩和もみられた。こうした政府の態度を目にして、王党派の指導者たちも統領政府との対話の可能性を感じはじめた。そこで、彼らは代理人のルイ・ダンディニェ将軍をパリに派遣し、ナポレオンとの交渉に取り掛かった。ナポレオンもまた、反革命軍の規模を考慮して、対話が望ましいと考えていた。両者の会見は外務大臣のタレーラン出席のもとで行われた。しかし、王党派側はブルボン家のフランス王座への復位を要求し、ナポレオンが断固としてそれを拒否したため、会見は失敗に終わった。

この時の反革命運動に対する第一統領の立場は、会見翌日に彼がフランス西部住民に向けて発した声明文からも明らかである。そのなかでナポレオンは、住民と王党派の指導者たちを明確に区別し、前者に対して武器を捨てるよう説得するとともに、革命期の「不公正な法律」である人質法や強制公債法の廃止と、新憲法が礼拝の自由を保障することを約束した。しかし、宥和的な態度を示しつつも、ナポレオンが軍事的圧力を弱めることはなく、それどころか、徹底した軍事作戦を展開していった。(4)

ところで、新体制が直面していたのはフランス西部の反乱だけではなかった。同様に、統領政府はフランス各地、とりわけ南仏で頻発する匪賊行為に対処しなければならなかった。匪賊行為とは一般に武装集団による強盗を意味したが、反革命派が集団を率いたり、徴兵法が適用されると脱走兵や徴兵忌避者がそれに加わることで、次第に「反革命的」な集団が形成されていった。少なくとも、政府の目にはそのように映っていた。したがって、匪賊行為を鎮圧し、秩序を再建することが新体制には求められていた。

しかし、この点でブリュメール派が何か新機軸を打ち出したかと言えば、必ずしもそうではない。むしろハワード・ブラウンによれば、統領政府が講じた主要な政策は、ブリュメール一八日以前からすでに実施されていたものであった。確かに、統領政府は匪賊行為の基盤を破壊しようと、軍隊、警察、司法機関を総動員したのだが、「すでに総裁政府が軍隊を鎮圧活動に用いていたのであり、統領政府はその度合いを強めただけであった」[5]。そこで以下では、ブラウンの議論を参考にしながら、治安政策における総裁政府期と統領政府期の連続性に注目してみたい。

匪賊行為の鎮圧

まずは、総裁政府期の司法の状況からみてみよう。実は、革命期の裁判官は行政官と同じく選挙で選ばれていた。したがって、司法機関の活動は政治動向に大きく左右された。たとえば、一七九六年に南仏では多くの王党派が裁判官に選出された。彼らは政府の意向に反して、反革命亡命者や宣誓忌避聖職者に対する革命法の適用を拒否したので、正規の司法機関を用いて秩序を再建しようとした総裁政府の目論見は失敗に終わった。そのうえ、革命期の重罪裁判所には陪審制度が設けられており、一七九五年憲法は陪審員の資格に被選挙人の資格を要求したが、それでも地方住民の意向は判決に強い影響を与えた。実際、総裁政府期に陪審評決のおよそ四五%は無罪を宣告していたのであり、総裁政府は繰り返しそうした陪審員の弱腰な態度を批判した。

しかし、問題はそれだけではなかった。総裁政府期における重罪裁判所での陪審評決の傾向を犯罪のカテゴリーごとに検討してみると、陪審員の態度には偏りがみられたことがわかる。すなわち、強盗に対しては四分の三で有罪判決が下されたのに対して、政治的動機に基づく暴力や公権力への抵抗に対しては、反対に四分の三で無罪が宣告されていたのである。憲兵隊が徴兵忌避者や宣誓忌避聖職者を捜索する過程で生じた対立や、反革命的言説や共和国のシンボルの破壊といった政治性を帯びた行為に対して、陪審員は明らかに「寛容」な態度を示していた[6]。

総裁政府は当初、正規の司法機関を用いて、秩序を再建しようとした。しかし、公選制の裁判官と陪審制度の存在は、政治性を帯びた犯罪の鎮圧を可能にしなかった。そうしたなか、フリュクティドール一八日のクーデタは一つの転換点をなした。それを境に、フランス国内の秩序再建の手段として、正規の司法を使わず、軍隊を治安維持部隊として用いることがますます増えていったのである。実際、クーデタの翌日から、共和暦五年フリュクティドール一九日法（一七九七年九月五日）により、特別軍事法廷が創設された。特別軍事法廷は無許可で帰国して逮捕された反革命亡命者を逮捕から二四時間以内に処刑することができた。その後、特別軍事法廷はほぼ常設機関として活動し、総裁政府期におよそ三〇〇人に死刑判決を下し、一四〇〇人の宣誓忌避聖職者に国外追放を命じている。

匪賊行為に対する特別法も次第に整備されていった。まず、共和暦四年ヴァンデミエール一〇日法（一七九五年一〇月二日）は、何らかの集団が領土内で犯した財産の損害や暴力の犠牲の補償を各市町村に負わせ、連帯責任を課すことを可能にした。連帯責任制を採用することで、農村共同体の結束力を匪賊行為や反革命的暴力に対して向けようとしたのである。実際には、この措置は当初ほとんど用いられなかったが、フリュクティドール一八日のクーデタ以降、総裁政府は積極的にヴァンデミエール法を各地で適用し、農村共同体と匪賊を分断しようとした。

ついで、共和暦五年フロレアル二六日法（一七九七年五月一五日）は、武器を使用した強盗に対して死刑判決を下すことを重罪裁判所に許可した。しかし、前述のとおり、重罪裁判所は十分な成果を出すことができなかったので、いよいよ軍事裁判所の本格的な利用が検討された。その結果、共和暦六年ニヴォーズ二九日法（一七九八年一月一八日）が制定され、幹線道路上で強盗が二人以上で行われた場合は、共犯者を含め軍事裁判所で裁かれることが認められた。

しかしながら、そうした匪賊行為に対する厳罰化にもかかわらず、総裁政府末期には、第二次対仏大同盟が結成され、国内の反革命派らがそれに呼応したので、匪賊行為は思うほど減らなかった。ブリュメール一八日ののち、新体制は基本的には総裁政府のこれらの政策を引き継ぎ、匪賊行為の鎮圧に精力的に取り組んでいった。

ブリュメール派の軍事作戦

ブリュメール派はフランス各地の反乱や匪賊行為を鎮圧し、新体制が国民に安全を保障した場合にのみ、その権威が確立されることを正しく認識していた。そのため、統領政府は総裁政府以上に厳しい態度で反乱や匪賊行為に臨んだ。後述するように、ブリュメール派は新体制の成立後、司法改革を進めていた。しかし、その改革の成果を待たずして、統領政府はすぐに軍事司法を頼りにした。前述のとおり、軍事司法自体はすでに総裁政府期から積極的に利用されていたが、統領政府はさらにそれを推し進めていった。その際、新設されたのが探索部隊である。まず南仏で四つの部隊が創設され、ついでフランス西部で三つの部隊が増設された。各探索部隊には即決裁判を任務とする移動式の特別軍事法廷が設けられた。結果は目覚ましく、一八〇一年の最初の数ヶ月で、南仏で活動した四つの特別軍事法廷は四〇七人もの匪賊を裁き、うち二〇三人が死刑に処され、無罪放免されたのはわずか五分の一（八一人）にすぎなかった。

フランス西部では、ナポレオンと王党派の交渉が不首尾に終わったのち、内戦状態が続いていた。一八〇〇年一月一六日、ブルターニュ地方全体で三ヶ月間憲法の適用が停止された。エドヴィル将軍に代わって、ブリュン将軍が西部方面軍の指揮をとった。さらに統領政府は、匪賊を即決で裁くために特別軍事法廷を使用するよう将軍らに命じた。ブリュン将軍の軍事作戦は苛烈で、マリー・ピエール・ルイ・ド・フロテらフクロウ党の指導者たちは特別軍事法廷によって処刑された。同じくフクロウ党の指導者であるジョルジュ・カドゥーダルはイギリスに亡命し、多くのフクロウ党員が降伏した。四月二一日、ブルターニュ地方にも憲法が適用され、内戦は公式に終結した。

しかし、フクロウ党が完全に消滅したわけではなかった。そのため、統領政府はフランス西部で引き続き軍事司法を用いながら、その地の完全な平定を目指した。実際、主要都市では戒厳令が敷かれつづけた。一八〇〇年九月から一八〇一年二月にかけて、軍事裁判所は一二〇〇人の匪賊を逮捕し、二五〇人を処刑した。最終的には、三つの探索部隊がフランス西部に設けられ、多くの匪賊を処刑して、劇的な成果をあげた。(8)

なお、匪賊行為の鎮圧については、地域社会もおおむね好意的に受け止めていたようである。たとえば一八〇〇年一二月、アルデシュ県軍司令官のセバスチャン・リュビ将軍は、「地域の精神は一変しました。今日、住民は彼らの共同体に襲いかかる匪賊を追跡し、逮捕する意思を持っています」と述べており、翌年六月にはヴァール県知事もまた、「七四の市町村が公共の安全を守るために自ら武装し、匪賊に対抗しています」と報告している。長引く匪賊の恐怖は、地方社会が国家の介入を受容する契機となった。言い換えれば、革命期の動乱を経て、人々は生命と財産を保障してもらうために権威主義体制を進んで受け入れていったということである。ハワード・ブラウンが呼ぶところの「安全保障国家」がこうして形成されていった(9)。

国際情勢の変化

ところが、軍事司法の目覚ましい成果にもかかわらず、一八〇一年夏までに匪賊行為が完全に鎮圧されることはなく、フランス西部の反乱が終息するには一八〇二年を待たなければならなかった。結局のところ、それを実現したのはコンコルダ（政教条約）の締結とアミアンの和約であった。ここで簡単にブリュメール一八日以後の国際情勢をみておこう。総裁政府末期の第二次対仏大同盟の結成により、フランスは征服地を奪い返されるなど、苦境に立たされていた。一八〇〇年五月、領土を取り返すべく、第一統領ナポレオンは自ら軍隊を率いてアルプスを越え、北部イタリアに侵攻した（第二次イタリア遠征）。六月一四日、マレンゴでフランス軍とオーストリア軍が激突し、フランス軍が勝利した。これにより、フランスによる北部・中部イタリアの再支配への道筋がつけられた。

実は、この第二次イタリア遠征の最中に、ナポレオンはローマ教皇庁との和解に着手していた。フランス国内の平和を実現するためには、敬虔なカトリック信徒を反乱や匪賊行為から切断しなければならないことをナポレオンはよく理解していた。革命後のフランスでは、伝統的なカトリック礼拝の大半は挙行できず、信徒たちは不満を高めていた。そんな信徒たちが反革命運動の主たる供給源として存在していたのである。反革命運動の根を断ち切るには、革命とカトリックの和解が不可欠であった。

教皇庁とのコンコルダ交渉については、松嶌明男が優れた考察をしているので、詳しくはそちらをご覧いただきたい（注10を参照）。交渉は繊細で難しいものであったが、一八〇一年七月一五日、コンコルダが締結された。それにより、ローマ教皇はフランス共和国を承認し、フランス共和国はカトリックが「フランス市民の大多数の宗教」であることを認めた。かくして、カトリック信徒が反革命運動に参加する根拠は失われた。また、教皇は革命期に没収された教会財産の返還を求めないことに合意し、その見返りとして、聖職者はフランス共和国から俸給を支給される存在となった。司教・司祭の指名権をフランス共和国が手にしたので、教会は事実上国家に従属することになった。

その後、カトリックの附属条項とプロテスタント（ルター派とカルヴァン派）の附属条項がコンコルダと一本化され、共和暦一〇年ジェルミナル一八日法（一八〇二年四月八日）として制定・施行された。同法は、フランス国内に複数の宗教宗派が存在することを前提に、宗教的多元性を保障し、治安維持上の問題がない限り礼拝の形態に対しては不干渉の原則を定めるなど、国民が宗教の選択を自由に行使できるようにした。いわゆる「公認宗教体制」であるが、それにより、ようやく革命後の安定した宗教生活が実現したのである。[10] なお、ブリュメール派の一翼をなしたイデオローグには、こうしたカトリックへの歩み寄りに対して不満を覚える者たちがいたことも、忘れてはならない。

コンコルダが締結されると、フランス国内の反革命運動の成功は期待薄となった。そこで残された交戦国イギリスはフランスとの和平交渉に入り、一八〇二年三月二五日、アミアンの和約が締結され、ヨーロッパは一〇年ぶりに平和を取り戻した。平和の再建により、フランス国内での反革命運動はほぼ消滅し、ナポレオンはついに国内外で磐石の体制を築くに至ったのである。

憲兵隊改革

国内の軍事作戦が解消に向かうなか、軍隊の代わりに国内の安全保障の主力をなしていったのが憲兵隊である。実は憲兵隊もまた、匪賊行為の鎮圧を目的に、すでに総裁政府期から本格的な改革が開始されていた。ブリュメール一八日ののち、統領政府はその改革を引き継いだ。この時期の憲兵隊改革については拙著『ナポレオン時代の国家と社会』で詳しく述べたところであるが、改めてここで概観しておこう。

憲兵隊は旧体制期に組織されたマレショーセを引き継いで形成された。マレショーセは主として農村地域や幹線道路上の秩序維持を担う軍隊組織であり、同時に、浮浪者、物乞い、幹線道路上での窃盗や騒擾《そうじょう》などの事件を最終審として裁いた裁判組織であった。とくに一七二〇年改革によって、全国規模でのマレショーセの秩序維持組織網が整備されたが、マレショーセの人員は一七二〇年に三〇〇〇人弱、革命前夜でも四〇〇〇人程度であり、住民八〇〇〇人に対して隊員一人の割合でしかなかった。この人員の少なさは、旧体制期には各共同体が慣習に従って内部の諸問題を自律的に解決する意思を持ち、王権もそれをある程度承認していたことによって説明される。それゆえ、マレショーセの主な任務は、共同体の周辺的な存在である物乞いや浮浪者、幹線道路上の窃盗犯を取り締まることに限られていた(11)。

革命が始まると、「大恐怖」によって全国に無秩序が広がり、それに呼応する形で、諸都市や農村地域で民兵が自発的に組織された。戒厳令はこれら民兵を公式化して、国民衛兵を編成した。革命の当初、秩序維持の重要な部分を担ったのはこの国民衛兵であった。その一方で、一七九一年二月一六日法により、マレショーセの存続が決定され、名称は旧体制との断絶を示すために「国家憲兵隊」に変更された（以下、憲兵隊と略）。この時点で人員は七二五〇人で、各班は四人または五人の憲兵で構成され、班長の指揮下に置かれていた。加えて、憲兵は元軍人か現役軍人から採用されることになった。さらに憲兵隊は地方社会の影響を受けてはならないので、憲兵が自身の出身小郡に配置されることは禁じられた。一七九二年四月の再編を経て、憲兵隊は八七〇〇人に増員され、全国に一六〇〇班が設置された。これらの相次ぐ再編は、マレショーセと憲兵隊の間で、任務目的にある種の転換がみられたことを示している。革命以後、憲兵隊は秩序維持を目的に、共同体内部における法の執行を受け持つことが期待されたのである。革命家たちにとって、個人の自由と公共の安寧がともに強力な国家によって保障されるのは当然のことであった(12)。

ただし、変化は漸進的であった。革命初期には依然として共同体の自治的な側面が強く残り、市町村出身の国民衛兵が秩序維持の重要な部分を担い続けたからである。しかし、革命の当初から、国民衛兵は全国で広がる蜂起に対しては、それが親革命的であれ、反革命的であれ、厳しく対処せず、しばしば曖昧な態度をとり続けた。そうした事態を前に、議員らは右派左派を問わず、国民衛兵に対する不信感を募らせていった。確かに、テルミドール九日のクーデタまで、国民衛兵は革命の原動力の一つであり続けたが、議員らは国民衛兵に秩序維持を担わせることにはますます懐疑的になっていった。その分、重要性を増していったのが憲兵隊であった。

とりわけ、憲兵隊にとって重要な変革期として位置づけられるのが、総裁政府期である。各地で匪賊行為に対する不安が高まるなかで、憲兵隊を改革する必要が政府や議員の間で強く認識されるようになった。まず、共和暦五年プリュヴィオーズ二五日法（一七九七年二月一三日）は、人員八四七五人で構成される一五〇〇班を全国に配置することを定め、さらに官僚制的な体制を整えて、業務記録の編纂を開始した。しかし、人員不足、経験不足、規律の問題が残された。

そこで新たに制定されたのが共和暦六年ジェルミナル二八日法（一七九八年四月一七日）である。同法は、憲兵隊の目的を次のように定義している。すなわち、「国家憲兵隊は共和国の内部において、秩序の維持ならびに法の執行を保障するために設置される部隊である。継続的で抑止的な監視がその任務の本質をなす」。同法によって、人員は一万五五五七人に増え、二〇〇〇班が設置された。給与は上がり、入隊基準は二五〜四〇歳、身長一七二センチ以上、識字能力があり、四年間騎兵隊に仕え、軍事遠征に三回以上参加したことがある者と規定された。さらに候補者は勇気、良き品行、誠実な道徳、共和国への忠誠を証明しなければならなかった。以上のような一連の組織法と隊員資格の改正が、憲兵隊を近代的組織へと脱皮させていった[13]。

ブリュメール一八日ののち、統領政府は憲兵隊の規模をさらに拡大させていった。実際、ナポレオンにとって、憲兵隊は「国家の平和を維持する最も有効な手段」であり、かつ「最も正確な情報とともに、領土全体に広がる半市民的・半軍事的な監視を提供」するものであった。

一八〇〇年三月、それまで警察大臣に従属していた憲兵隊が、第一統領から直接の指示を仰ぐことのできる第一総監の監督下に置かれることになり、独立を保証された。こうして第一総監に着任したボン＝アドリアン・ジャノー・ド・モンセイの指揮のもと、憲兵隊の組織網の稠密《ちゅうみつ》化が進められていった。一八〇一年七月には、憲兵隊の人員は一万六〇〇〇人を超え、各六人で構成される班が二五〇〇組設置された。各県に一つの中隊が置かれ、四つの中隊で一つの軍管区の憲兵部隊が編成された。統領政府は憲兵隊の人員を増やし、組織網をより緊密に張り巡らすことで、いっそう厳格に社会的無秩序に対処する姿勢を示したのである。そして、一八〇二年にフランス西部の反乱が終息し、南仏の匪賊行為も鎮静化すると、軍隊の代わりに憲兵隊が主力となって、フランス国内の安全保障を担うことになった。(14)

司法改革

安全保障の分野においては、総裁政府期と統領政府期の連続性は顕著であった。しかし、ブリュメール一八日ののち、ブリュメール派が抜本的な司法改革に取り組んだことを忘れてはならない。ブリュメール派は、いったんは軍事司法を拡大したが、秩序の再建を果たすとそれを解消し、強化された正規の司法機関を用いて、安定した統治を実現しようとした。

新たな司法組織の基本原則は、一七九九年憲法第五編（第六〇～六八条）によって定められた。そして、それに従い、具体的に新たな司法制度を定めたのが共和暦八年ヴァントーズ二七日法（一八〇〇年三月一八日）である。同法の制定を主導したのは、ブリュメール派の一員のレニエである。ジャック＝オリヴィエ・ブドンによれば、同法は革命の一〇年を特徴づけた「寛容な司法」を刷新し、犯罪者が迅速かつ厳格に罰せられることを目指すものであった。(15) ただし、革命の原理が完全に否定されたわけではなく、後述するように、裁判官の公選制は一部残存したし、陪審制度も維持された。

以下では、統領政府期の司法改革について概観しよう。

まず司法組織の末端には、革命期に創設された治安判事が引き続き置かれた。治安判事の主たる職務は、当事者を召喚し和解させること、あるいは和解が不成立の場合は仲裁人によって裁判させることであった。治安判事は、隣人トラブルや侮辱など、罰金一五フラン以下、拘留期間が五日を超えないすべての軽罪を扱った。治安判事の任期は三年で、小郡集会に集まった市民によって直接選出された。一七九九年憲法では、公職者は名士選挙を経て名士リストに登録された者から統治権力によって任命されると定められていたが、治安判事に関しては直接選挙が維持されたことになる。ところが、早くも共和暦一〇年憲法（一八〇二年）は治安判事の選出方法を改正し、小郡集会によって選出された二人の候補者から第一統領が任命することになった。さらに治安判事の任期は一〇年に延長された[16]。また、一八〇一年一月二八日には、小郡の再編に伴って、治安判事の人数を小郡の数に一致させる法律が可決され、総裁政府期には六〇〇〇人にのぼっていた治安判事の総数が、三〇〇〇〜三五〇〇人程度に削減された。この法律に対しては、地方に居住する市民の法律上の権利を侵害するものとして、護民院で批判が巻き起こった[17]。

司法組織の末端では、曲がりなりにも直接選挙が維持されたわけだが、それはあくまで例外であった。むしろ、ブリュメール派の司法改革の真骨頂は、裁判官の任命制を導入した点にある。実際、一七九九年憲法では、第一審裁判所の裁判官らは郡名士リストから、控訴裁判所の裁判官らは県名士リストから、そして破棄裁判所を構成する裁判官らは全国名士リストから、統治権力によって任命されることが定められた。しかも、治安判事以外の裁判官には、汚職や名士リストから削除された場合を除き、終身身分が認められた。しかし、こうした裁判官の事実上の任命制は、統領政府期に突如として現れたものではない。すでにその萌芽は総裁政府期にみられたのである。この点については岡本明が詳しく論じているので、以下ではそれを参照しつつ論じてみたい。

第三章でみたように、総裁政府期には、帰国亡命者らが国有財産として売却された旧所有地の返還を請求する訴訟が各地で起きていた。当初、県民事裁判所がこれらの訴訟を扱ったが、ここで問題が生じた。一七九五年憲法はテルミドールの反動から、厳格な被選挙権を設けていたので、県選挙集会（二次選挙集会）は保守的な富裕層で占められることになった。そのため、彼らはしばしば、政治的には右派（王党派）に近い人物を裁判官に選出したのである。右派で占められた裁判所が国有財産売却訴訟を扱えば、所有権の移転に逆行する判決を下すことが十分に懸念された。

そこで、対応に苦慮した総裁政府はまず、一七九六年一月八日、国有財産の移転に伴う異議申し立ては、今後、県民事裁判所ではなく、県中央行政に付置された政府任命の総裁政府執行委員が取り扱うものとして、県民事裁判所から権限の一部を取り上げた。さらにフリュクティドール一八日のクーデタでは、行政機関だけでなく司法機関の粛清も行い、それによって生じた裁判官の空席の補充権は総裁政府に与えられた。こうして、司法府の欠員は執行府の任命するところとなった。のちにブリュメール派に加わるイデオローグのカバニスは、フロレアル二二日のクーデタ後の一七九八年五月、共和政を守るためには選挙集会での選挙ではなく、総裁政府による裁判官の任命もやむなしとの考えを表明している。要するに、共和政を守るために総裁政府執行委員の権限強化と執行府による裁判官の空席補充が採用されたのだが、結果として、それがブリュメール一八日以後の行政官と裁判官の任命制に道を開くことになったのである。[18]

このように、裁判官の事実上の任命制が導入された背景には、革命の成果を死守するというブリュメール派の強い目的意識が存在していた。むろん、裁判官らは名士リストから採用されたので、革命期の選挙原理もかろうじて残存していたが、やはりここには重要な転換がみられたと言えよう。そのうえ、最初の裁判官の任命では、名士リストがまだ作成されておらず、県知事や議員らが各県の候補者を独自に推薦し、そのなかから第二統領のカンバセレスが候補者の経歴や能力を考慮して裁判官を任命することになった。結果として、革命で台頭した多くのブルジョワが社会的上昇を果たした。新しい裁判官には終身身分が認められたので、ナポレオン時代を通して、ブリュメール派の精神が司法府に深く刻まれることになった。[19]

ヴァントーズ二七日法によって、各郡には第一審裁判所が設置され、四〇二の郡に対して四〇〇の第一審裁判所が置かれた（三郡に区分されるセーヌ県には一ヶ所のみ）。革命期には、第一審の民事裁判所は県に設置されていたので、第一審裁判所は大幅に増加したことになる。実際、一七九九年憲法の作成時から、五百人会の元議員のトマ・ヴァスやアントワーヌ・ベルジエが中心となって、民事裁判所の増設が主張されていた。また、護民院での議論の際にも、市民の利便性が高まるとして、議員らはそれを好意的に受け止めていた。[20]

第一審裁判所は民事事件と刑事事件の両方を扱った。民事事件についてはすべての訴訟を扱い、違警罪についても裁判した。また、治安判事が第一審で下した判決の控訴を裁いた。第一審裁判所の構成は、設置される都市の規模に応じて異なるが、人口五〇〇〇人未満の町村であれば、一人の裁判長、二人の裁判官、二人の裁判官補によって構成された。加えて、第一審裁判所には、一人の政府委員と一人の書記が置かれた。ちなみに、裁判長は、第一統領によって三年ごとに各裁判所の裁判官のなかから指名された。

そのほかに、各県の県庁所在地には重罪裁判所が設置された。重罪裁判所については、基本的に革命期のそれが引き継がれた。重罪裁判所はすべての重罪事件を裁判し、軽罪事件については、第一審裁判所が下した判決の控訴を裁いた。重罪裁判所を構成するのは、一人の裁判長と二人の裁判官、二人の裁判官補であり、裁判長は毎年、第一統領によって控訴裁判所の裁判官のなかから選ばれた。裁判長は常に再任可能であった。また、一人の政府委員と一人の書記が設置され、政府委員が検察官の職務を務めた。

なお、一七九九年憲法は、革命の成果である二つの陪審、すなわち起訴陪審と判決陪審を引き継いだので、重罪事件について、起訴陪審が起訴を承認または却下し、起訴が承認された場合には、判決陪審が事実を認定し、最後に重罪裁判所の裁判官が刑を適用するという手続きが採用された。

実は、ブリュメール派が司法改革においてとくに強く望んだのは、専門の控訴裁判所の創設であった。革命期に控訴裁判を行っていたのは、近隣県の裁判所であったが、ヴァス、ベルジエ、ドヌーらは、革命期のこうした裁判所よりももっと人数が多く、より有能な裁判官で構成される専門の裁判所に控訴裁判を委ねることで、その判決の権威を高めなければならないと考えていた。また、彼らはそれによって、控訴裁判が地方の競合関係の影響から免れることを期待していた。事実、革命期には、ヴェルサイユの裁判所はパリの裁判所によって下された判決を意図的に破棄する傾向がみられたのである。(21)

以上のブリュメール派の主張が認められ、フランス全国で総じて二八の控訴裁判所が設立された。各控訴裁判所は三〜四の県を管轄した。控訴裁判所は第一審裁判所が民事事件について第一審で下した判決などの控訴を扱った。その構成は管轄区の人口に応じて、一二〜三一人の裁判官からなり、一人の政府委員と一人の書記がそれぞれ設置された。また、第一統領は三年ごとにそれぞれの裁判所の裁判官のなかから裁判長を選出し、場合によっては副裁判長も選出した。彼らは常に再任可能であった。

最後に、司法組織の頂点には四八人の裁判官で構成される破棄裁判所が設置され、形式違反の手続によってなされた判決、または明白な法律違反を含む判決を破棄し、訴訟の本案を裁判すべき裁判所に移送することを担当した。

以上が、ブリュメール派の司法改革の概要である。ブリュメール一八日からわずか四ヶ月、行政改革を達成したブリュヴィオーズ二八日法からわずか一ヶ月でこれらの改革が実現した。新たな司法組織の特徴をまとめれば、諸裁判所のヒエラルヒーの確立、裁判官の終身身分保障、そして裁判官の事実上の任命制の導入といった点があげられるだろう。

むろん、このような司法制度に対して批判がなかったわけではない。一例をあげると、護民院では、裁判長と副裁判長を第一統領が任命することに対して、強い批判がみられた。その急先鋒はガニルである。ガニルは、憲法によって裁判官の終身身分が保証され、司法の独立が実現したにもかかわらず、第一統領が定期的に裁判長や副裁判長を任命することができると、裁判官が第一統領に従属してしまう恐れがあると主張した。[22] こうした意見は同じく護民院議員のセディエやルイ・スタニスラス・ジラルダンも口にしたが、全体の方向性を変えるには至らなかった。結局、一八〇〇年三月一五日に同法案は護民院で八二票中五九票の賛成を得たのち、一八日、立法院で二七三票中二三二票の賛成により可決された。革命の成果を守るため、そして国民の安全を保障するために、ブリュメール派は行政権が司法権の一部を侵食することを必要な措置として許容したのである。

特別裁判所の創設とブリュメール派の分裂

ブリュメール派の司法改革により、正規の司法制度が整備された。しかし、すでにみたとおり、第二次対仏大同盟の結成に呼応したフランス西部の反乱や南仏の匪賊行為が激化すると、統領政府は探索部隊を創設し、即決裁判を任務とする特別軍事法廷を設置して、それらの鎮圧に積極的に乗り出した。特別軍事法廷は一八〇一年の最初の数ヶ月で大きな成果をあげ、徐々に平穏が取り戻されると、軍事司法の解消と通常司法への回帰が議論されるようになった。その移行期に特別軍事法廷に代わるものとして、共和暦九年プリュヴィオーズ一八日法（一八〇一年二月七日）によって創設されたのが、特別裁判所である。

同法によって、政府は匪賊行為を鎮圧するために必要と判断した場合には、各県に自由に特別裁判所を設置することができた。実際、特別裁判所は三〇以上の県（とくに西部）で設置された。特別裁判所の権限は広く、浮浪、再犯、不法侵入を伴う窃盗、複数人での路上での窃盗や暴力、殺人、通貨偽造など多岐にわたった。

特別裁判所の特徴はその構成にあった。すなわち、裁判長、重罪裁判所の二人の裁判官、大尉以上の階級にある三人の軍人、および裁判官となるのに必要な資格を持つ二人の市民で構成された。この二人の市民と三人の軍人は第一統領によって任命された。重罪裁判所の裁判官や市民が構成員に含まれていることからもわかるように、特別裁判所は特別軍事法廷よりも通常司法に近い構成をとっていた。つまり、特別裁判所は通常司法と特別軍事法廷の中間に位置づけられるものであった。ところが、特別裁判所には起訴陪審と判決陪審が設置されなかった。陪審員がフクロウ党や匪賊の報復を恐れて、厳格な評決を下さないことが予想されたからである。後期総裁政府期から軍事司法が積極的に用いられた背景には、政治的動機に基づく暴力に対して陪審員が「寛容」な態度をとることが多かったという事情があったことは、すでにみたとおりである。

特別裁判所の創設を定めたプリュヴィオーズ一八日法に対しては、護民院議員からの激しい抗議がみられた。バンジャマン・コンスタンを筆頭に、アシーユ＝ニコラ・イスナール、シャザル、ドヌー、シェニエ、ガングネらが特別裁判所の違憲性を主張し、専制への回帰を告発したのである。たとえばコンスタンは、「もし公共の平穏を口実に、憲法のある点を侵害することを許せば、同じ口実で、他の点が侵害されないとは到底考えられない」と述べ、続けて「決して諸原理から逸脱してはならない。我々は憲法の条文に従うとき、それに内在する様々な欠陥についての責任を負わないが、憲法が認めない権限や専制的な措置については責任を負う」と主張した。すなわち、コンスタンにとって、憲法とは、こと司法に関しては、独裁を予防する優れた障壁でなければならなかった。しかしながら、こうした議員らの抵抗にもかかわらず、同法は護民院で四九票対四一票でかろうじて賛成票が上回り、続く立法院では一〇〇票以上の差をつけて可決された[23]。

しかし、ここにきて護民院議員の半数近くが同法に対して反対票を投じたことは、ブリュメール派の分裂の兆候として捉えることができるだろう。もともとブリュメール派は雑多なグループから形成されていたが、国内外の危機的状況に直面して、革命の成果を守るために軍隊や軍事司法の使用も辞さず、権威主義体制の設立を受け入れた人々であった。ところが、すでに対外的には第二次イタリア遠征でフランスがオーストリアに勝利し、リュネヴィルの和約（一八〇一年二月九日）が締結される間近であった。さらに国内においては、特別軍事法廷が西部と南仏で反乱鎮圧に著しい成果をあげていた。つまり、同法の審議中に国民の危機感は和らぎつつあった。そうした状況下で、進むべき道をめぐって、ブリュメール派のなかに亀裂が生じはじめたのである。

しかしながら、結局、ブリュメール派の分裂は相対的なものにとどまった。二ヶ月前に起きたナポレオンに対するサン＝ニケーズ街襲撃事件により、王政復古の危機意識が高まったことに加え、新体制で要職に就いたブリュメール派の多くは、その立場に安住し、体制を支えつづけることを選択したからである。

世襲帝政への道

一八〇一年初頭から、議会では政府批判が激しさを増していった。前述のとおり、治安判事の総数削減や特別裁判所の創設は護民院で激しい抗議を引き起こした。さらに一八〇一年秋から護民院で民法典法案が審議されると、限嗣相続などの規定に反発した議員らが政府案を徹底的に糾弾し、立法院も法案を否決した。

こうした事態を前に、ナポレオンは護民院の第一次改選時に反対派議員を排除することを決意した。本来、改選はくじ引きで行われていたが、ナポレオンは元老院に反ナポレオン派議員（コンスタン、シェニエ、シャザル、ドヌーなど）を指名させて議会から排除した。排除された議員には民法典法案の反対者だけでなく、治安政策やコンコルダへの抵抗議員も含まれていた。ブリュメール派の一部離反者が排除されたことで、ナポレオン体制は専制の度合いを強めていった。ただし、排除された議員にも高位の官職があてがわれたので、彼らの多くが体制内に取り込まれていたことも忘れてはならない[24]。

事実、反ナポレオン運動がそれ以上強まることはなかった。むしろ、一八〇二年三月二五日に交戦国イギリスとアミアンの和約が締結されてヨーロッパに平和が取り戻され、国内の反革命運動もほぼ消失したことで、ナポレオンは盤石な体制を築き上げていた。一八〇二年八月四日、共和暦一〇年憲法が発布され、終身統領政が成立した。

ところが、平和は長くは続かなかった。英仏両国が条約の不履行を続けた結果、一八〇三年五月、アミアンの和約は破棄され、戦争がふたたび始まったのである。英仏が戦争状態に入ったことで、ナポレオンの暗殺を目論む王党派もふたたび動き出した。一八〇四年一月には、イギリスからの支援を受けた王党派のカドゥーダルを首謀とする陰謀事件が発覚した。カドゥーダルはかつて一七九三年のヴァンデの反乱で活躍したフランス西部の反革命運動の首領の一人で、ナポレオンの暗殺とブルボン王政の復活を目論んでいた。この事件の発覚により、カドゥーダルは処刑された。

さらに、陰謀事件に関与したとして、三月二一日、王族のアンギャン公(ルイ・アントワーヌ・ド・ブルボン＝コンデ)が銃殺刑に処された。実は、アンギャン公はこの事件に関与しておらず、しかも国外にいたところを拉致して処刑したので、歴史家たちはこの事件をナポレオンの犯罪行為として糾弾してきた。しかし、上垣豊も明確に述べているように、この事件に対する当時の共和派や国内世論の反応は異なっていた。共和派はナポレオンが彼らと同じように王族の「弑逆者」となったことに安堵したし、国有財産の購入で富を得たブルジョワや、封建的特権の復活を恐れる農民層も、アンギャン公の処刑を好意的に受け止めていたのである。[25]

人々のそのような状況理解のなかで、世襲帝政が具体化されていった。その計画はかつての革命家たちのなかから生まれたものである。万が一ナポレオンが暗殺されたり戦死したりしても、革命の成果が確実に守られるような体制づくりをしておかなければならなかった。世襲帝政の樹立を誰よりも望んだのはかつての革命家たちであり、国民もまたそれを支持したのである。

一八〇四年五月一八日、ナポレオンは「フランス人の皇帝であり、その帝位は親族において世襲される」として、世襲帝政の設立が宣言された。八月二日、世襲帝政は人民投票にかけられ、およそ三六〇万票の賛成で承認された。一二月二日、ノートルダム大聖堂で皇帝即位の聖別式が挙行された。その際、ナポレオンは、領土の保全、信仰の自由、権利の平等、政治的自由、そして国有財産売却の不可侵性を宣言し、革命の継承者であることを改めて国民に知らしめた。かくして、「フランス共和国の皇帝」がここに誕生したのである。

おわりに

ブリュメール一八日は革命家たちが革命の成果を守るために主導した事件であった。では、彼らにとって、革命の成果とは何であったか。もともと革命家たちが夢見たのは、従来の身分制度を廃止して、自らの富と能力に見合った地位を獲得することであった。事実、革命は封建的特権の廃止により、官職売買を禁止し、官職をすべての国民に開放した。そして、王権の専制主義の反省から、議員、地方行政官、裁判官などを公選とした。選挙を通じて、革命家たちは重要なポストを獲得していった。そのうえ、彼らは教会や反革命亡命者から没収した不動産（国有財産）を購入することで、蓄財にも成功した。こうして、本来の目的を果たした革命家たちの多くは、その後、次第に保守化していった。

しかし、それで革命は終わらなかった。王権を含む反革命勢力の存在、対外戦争の勃発、および民衆層からの圧力が、図らずも革命を急進化させていった。その帰結がロベスピエールを中心とする革命政府の成立であったが、いったん危機が去ると、反ロベスピエール派の議員らがクーデタを決行し、革命政府は瓦解した。テルミドール派は、ロベスピエール派の「恐怖政治」を糾弾し、経済の自由化に舵を切って、民衆運動を弾圧した。その一方で、革命の成果を保持するために、彼らは反革命勢力に対して厳しい態度をとり続けた。彼らが目指したのは、有産者による統治を実現し、社会秩序を再建して、革命を終わらせることであった。

その目的を達成するために制定されたのが一七九五年憲法であった。しかし、同憲法によって創設された総裁政府体制もまた、革命を終わらせることに失敗した。選挙で王党派やネオ・ジャコバンが勝利するたびに、総裁政府はクーデタによって事態を打開したが、そんな不安定な体制ではもはや革命の成果を守ることができないと考えた人々が、シィエスの周りに結集し、改憲派グループを形成していった。彼らブリュメール派にとって、総裁政府体制の欠陥は主に二つあった。執行権力の弱さと人民の選挙権力の強さである。したがって、執行権力を強化し、人民が選挙を介しておよぼす政治的影響力を制限することが、ブリュメール派の結集軸となった。一七九九年一一月九日(ブリュメール一八日)、ブリュメール派はフランスに帰国した将軍ナポレオンと結託してクーデタを決行し、新体制を樹立した。

新憲法の制定プロセスで主導権を握ったのはナポレオンであったが、ブリュメール派のプログラムは基本方針として維持された。実際、新憲法の大部分はシィエスの憲法草案を下敷きにしたものであった。一七九九年憲法は議会に対する政府の優位を確立させた。確かに、第一統領のナポレオンには強大な権力が認められたが、執行権力の強化は本来、ブリュメール派が望んでいたことであった。

ブリュメール派の改革はそれだけにとどまらなかった。彼らはまず地方行政の改革に取り組んだ。革命期の地方行政システムは集団指導体制と公選制を特徴としていたが、統治を不安定化させた原因としていずれも廃止された。代わりに、ブリュメール派は共和暦八年プリュヴィオーズ二八日法を制定し、地方行政の各段階に、政府任命の県知事、郡長、市町村長を設置することで、地方行政システムの中央集権化を図った。そのうえ、プリュヴィオーズ法は、政治エリート（名望家）で構成される地方議会に世論を集約させたので、民衆が政治空間から徹底的に排除されることになった。同法によって県知事に県参事会の主宰権が認められたことで、国有財産売却の不可侵性を確実にする体制が築かれたことも忘れてはならない。

行政官の任命制が採用されたことは、人民の選挙権力の制限を意味した。選挙制度の失敗が総裁政府体制の崩壊の主たる原因であったから、その実現は、ブリュメール派にとって重要な課題であった。実際、ほぼ並行して取り組まれた司法改革においても、ブリュメール派は裁判官の任命制を採用したのである。しかし、ブリュメール派は世論に敏感な革命家たちでもあった。そんな彼らが考案したのが名士リスト制度であった。

名士リスト制度は、普通選挙、三段階の互選、任命制を組みわせた選挙制度で、それにより、公職者が人民の信任を得ること、三段階の互選を経ることで名望と才能のある人物に高位職を保証すること、統治権力の任命により政治的安定を実現することが、期待された。ブリュメール派は、総裁政府期の選挙集会が諸党派の選挙キャンペーンによって政治的に過熱し、選挙結果が大きく左右されたことを強く反省していた。そこで名士リスト制度では、革命期に用いられた選挙集会ではなく、個別投票が導入された。それにより、党派による扇動を避け、政治的に穏健な名望家が公職に就くようにしようとしたのである。現代の民主主義国家では当然のように用いられている個別投票だが、その導入の背景には権力の狡知が隠されていたことは興味深い。

こうして、ブリュメール派のプログラムは制度化されていった。しかし、革命を本当の意味で終わらせるには、対外的な平和を実現し、国内の反革命運動を終結させなければならなかった。革命期には、対仏大同盟が結成され、対外危機が高まると、それに呼応して国内の反革命運動が活発化するという構図が繰り返されていた。新体制の存続のためには、この悪循環を断ち切らなければならなかった。ナポレオンがブリュメール派のプログラムにとって不可欠なピースとなったのは、この点においてであった。まず、反革命運動に対しては、ナポレオンは基本的に総裁政府の政策を踏襲した。彼は軍隊や特別軍事法廷を利用して、鎮圧に取り組み、劇的な成果をあげた。その一方で、第二次イタリア遠征で自ら勝利を飾り、第二次対仏大同盟を瓦解させた。そして、その間に、ローマ教皇庁とのコンコルダの締結にこぎつけて、反革命運動の供給源を断つことにも成功した。フランス国内の反革命運動に期待を持てなくなったイギリスはフランスとの和平交渉に入り、ヨーロッパはふたたび平和を取り戻した。

ところが、反革命運動が終息に向かうなか、もともと雑多なグループで形成されていたブリュメール派にも亀裂が生じはじめた。一八〇一年初頭から、特別裁判所の創設などをめぐり、議会では政府批判が激しさを増していった。こうした事態を前に、ナポレオンはついに反対派議員の排除を決意した。ただし、排除された議員にも高位の官職があてがわれたので、反ナポレオン派議員においても、「革命の成果」は守られたことになる。事実、反ナポレオン運動はそれ以上高まることはなかった。新体制で要職を得たブリュメール派の多くは、体制支持の態度を崩さなかった。さらにイギリスとの戦争が再開すると、体制の永続を望むかつての革命家たちは世襲帝政の樹立を望むようになった。つまり、ナポレオン帝政の樹立は、革命家たちが自らの欲望に忠実であり続けた結果でしかなかったのである。

帝政の統治に変化がみられはじめたのは一八〇六年、いみじくも革命暦が廃止された年のことである。その直接の契機は一八〇五年末のアウステルリッツの勝利であった。この勝利により、ヨーロッパ大陸の支配を盤石にした帝政は、一八〇七年に議会の一つである護民院を廃止した。

同じくこの頃から、ナポレオン帝政は支持母体の拡大のために旧貴族層を体制内に本格的に取り込み始め、一八〇六年を境に、反革命亡命者を含む多くの旧貴族層が議会や行政機関に進出していった。一八〇八年には帝政貴族が創設された。革命暦の廃止に反革命亡命者の公職進出、あげくに貴族制度の創設であるから、一見すると帝政が革命に背を向けたかのようだが、決してそうではない。事実、帝政貴族は旧体制期の身分制度とは異なり、国家への貢献を基準にして叙されたので、すべての者に開かれた制度であった。その目的は、かつての革命家たちと旧貴族層を融合し、新時代のエリートを創出することであった。したがって、帝政貴族の創設によって、革命の成果が否定されたわけではなかった。むしろ、かつて貴族になることを夢見ていたブルジョワの一部は、革命を経て、ついに貴族に叙されたのである。

ナポレオン帝政は絶頂期を迎えたかにみえた。しかし、その後、戦局が悪化していくと、体制の求心力は次第に失われ、決定的な敗北により世襲帝政はあえなく崩壊した。その結果、ほぼ四半世紀ぶりにブルボン王朝が復活した。ところが、復古王政は封建的特権を再建することも、国有財産の移転を覆すこともしなかった。帝政貴族の爵位も保持されたので、一九世紀には新貴族と旧貴族の融合はさらに進んでいった。

要するに、ブリュメール一八日の段階では、旧体制の復活を諦めていなかったルイ一八世も、ナポレオンの一五年にも及ぶ統治を経て、革命の成果を甘んじて受け入れたのである。世襲帝政を樹立してまでも革命の成果を守ろうとしたブリュメール派の目的は、結果的に達せられたと言えよう。

注

はじめに

（1）カール・マルクス著／植村邦彦訳／柄谷行人付論『ルイ・ボナパルトのブリュメール一八日』平凡社ライブラリー、二〇〇八年、一五頁。

（2）Gueniffey, P., *Le Dix-huit Brumaire: l'épilogue de la Révolution française*, Paris, Gallimard, 2008, pp. 379–380.

（3）Boudon, J.-O., « Le 18 Brumaire dans l'Histoire », dans Boudon, J.-P., dir., *Brumaire: la prise de pouvoir de Bonaparte*, Paris, SPM, 2001, pp. 161–173. なお、本書ではブリュメール一八日の事件を指して、適宜「クーデタ」という言葉を用いるが、その場合には「国家体制に対する一撃」以上の意味を含んでいない。ちなみに、クルツィオ・マラパルテにとって、ブリュメール一八日は、議会手続を経ることで政権奪取の合法性を装おうとした点で、「初めての現代的クーデタ」と評価すべきものであった。Malaparte, C., *Technique du coup d'État*, Paris, 1966, p. 122（クルツィオ・マラパルテ著／手塚和彰・鈴木純訳『クーデターの技術』中公文庫、二〇一九年、二三七頁）.

（4）Gueniffey, *op.cit.*, 2008, p. 379.

（5）Woloch, I., *Napoleon and His Collaborators: The Making of a Dictatorship*, New York, W. W. Norton, 2001, p. XI; Lentz, Th., *Le Grand Consulat, 1799–1804*, Paris, Fayard, 1999, p. 10; Brown, H.G., « The Search for Stability », in Brown, H.G. and Miller, J.A., ed., *Taking Liberties: Problems of a New Order from the French Revolution to Napoleon*, New York, Manchester University Press, 2002, p. 26.

第一章

（1）総裁政府期を論じた代表的な研究として、Woronoff, D., *La République bourgeoise de Thermidor à Brumaire 1794–1799*, Paris, Sevil, 1972. Lefebvre, G., *La France sous le Directoire*, Paris, 1977. Godechot, J., *La vie quotidienne en France sous le Directoire*, Paris, Hachette, 1977. Dupuy, R. et Morabito, M., dir., *1795. Pour une République sans Révolution*, Rennes, Presses Universitaires de

Rennes 1996. *La République directoriale. Actes du colloque de Clermont-Ferrand*, mai 1997. Textes réunis par Philippe Bourdin et Bernard Gainot, Paris, 1998. Bernet, J., Jessenne, J.-P. et Leuwers, H., éd., *Du Directoire au Consulat 1: le lien politique local dans la Grande Nation*, Villeneuve d'Ascq, Centre de Recherche sur l'Histoire de l'Europe du Nord-Ouest, 1999. Leuwers, H., éd., *Du Directoire au Consulat 2: l'intégration des citoyens dans la Grande Nation*, Villeneuve d'Ascq, 2000. Bernet, J. et Jessenne, J.-P., éd., *Du Directoire au Consulat 3: Brumaire dans l'histoire du lien politique et de l'État-Nation*, Villeneuve d'Ascq, 2001. Dupuy, P., Jessenne, J.-P. et Le Bozec, Ch., éd., *Du Directoire au Consulat 4: l'institution préfectorale et les collectivités territoriales*, Villeneuve d'Ascq, 2001. Serna, P., *La République des Girouettes*, Seyssel, Champ Vallon, 2005. Belissa, M. et Bosc, Y., *Le Directoire: la République sans la démocratie*, Paris, La Febrique, 2018. Chavanette, L., dir., *Le Directoire: forger la République (1795–1799)*, Paris, CNRS Éditions, 2020.

（2）柴田三千雄著／福井憲彦・近藤和彦編『フランス革命はなぜおこったか——革命史再考』山川出版社、二〇一二年、六二頁。

（3）山崎耕一『フランス革命——「共和国」の誕生』刀水書房、二〇一八年、二三四～二四三頁。

（4）Crook, M., *Napoleon Comes to Power: Democracy and Dictatorship in Revolutionary France, 1795–1804*, Llandybïe, University of Wales Press, 1998, p. 17.

（5）Lentz, Th., *Le 18 Brumaire*, 1997, Millau, Picollec, p. 27.

（6）河野健二編『資料フランス革命』岩波書店、一九八九年、五三七頁。

（7）山崎、前掲書、二四四～二四八頁。

（8）Lentz, *op.cit.*, 1997, p. 34. 一七九五年憲法では、対外関係において総裁政府が大幅な裁量権を有しており、立法府に対する執行府の一定の自立が認められた。しかし、シィエスは自身の憲法草案で、政府に議会への法案提出権を与えることを主張しており、この点で執行権力の強化は不十分であった。山崎耕一『シィエスのフランス革命——「過激中道派」の誕生』ＮＨＫブックス、二〇二三年、一九六～二〇五頁。

（9）*Ibid.*, p. 24.

（10）Crook, *op.cit.*, pp. 23–26.

（11）山崎、前掲書、二〇一八年、二五六～二五八頁。

（12）Crook, *op.cit.*, pp. 37–38.
（13）Lentz, *op.cit.*, 1997, p. 89.
（14）*Ibid.*, p. 32.
（15）Gueniffey, *op.cit.*, p. 125.
（16）Tulard, J., *Le mythe de Napoléon*, Paris, Armand Colin, 1971, p. 31. 西川長夫『フランスの近代とボナパルティズム』岩波書店、一九八四年、二七三〜二七四頁。杉本淑彦『ナポレオン——最後の専制君主、最初の近代政治家』岩波新書、二〇一八年、六八〜六九頁。
（17）Lentz, *op.cit.*, 1997, pp. 121–129.
（18）Crook, *op.cit.*, pp. 39–43.
（19）岡本明『ナポレオン体制への道』ミネルヴァ書房、一九九二年、二四三頁。
（20）Crook, *op.cit.*, pp. 44–45.
（21）山﨑、前掲書、二〇一八年、二八三〜二八四頁。
（22）Crook, *op.cit.*, pp. 47–48.
（23）Lentz, *op.cit.*, 1997, p. 202.
（24）Lentz, Th., *Rœderer*, Metz, Éditions Serpenoise, 1989.
（25）Lentz, *op.cit.*, 1997, p. 212.
（26）*Ibid.*, p. 202.
（27）*Ibid.*, pp. 225–226.
（28）Tulard, J., *Le 18 Brumaire: comment terminer une révolution*, Paris, Perrin, 1999, p. 99.
（29）Crook, *op.cit.*, pp. 52–53.
（30）Lentz, Th., « Un ‹ parti › autour de Bonaparte: les brumairiens », dans Boudon, J.-O., dir., *op.cit.*, 2001, p. 71.
（31）Woloch, I., *Jacobin Legacy: The Democratic Movement under the Directory*, Princeton, Princeton University Press, 1970, pp. 184–185.
（32）Woloch, *op.cit.*, pp. 12–14.

（33）Lentz, *op.cit.*, 1997, pp. 211–212.
（34）Bibliothèque nationale de France（以下、ＢＮＦ）, LE45-2066. Discours prononcé par Cabanis à la suite du rapport de la commission des sept. Séance du 19 brumaire an VIII. Teysseire, D., « La justification idéologique de Brumaire par Cabanis ou le discours d'un ‹ patriote conservateur › », dans Bernet, J., Jessenne, J.-P. et Leuwers, H., éd., *op.cit.*, 2001, pp. 303–312.
（35）Chappey, J.-L., « Les idéologues face au coup d'État du 18 brumaire an VIII. Des illusions aux désillusions », *Politix*, vol. 14, n°56, quatrième trimestre 2001, pp. 61–63.
（36）Lentz, *op.cit.*, 2001, pp. 78–81.
（37）王党派もネオ・ジャコバンも排除し、秩序の再建を名目に軍事力を含むあらゆる手段を用いて中道路線を堅持しようとする総裁政府体制を指して、ピエール・セルナは「過激中道派の共和国」と呼んでいる。その路線の行き着く先がブリュメール一八日以後の新体制なのである。Serna, *op.cit.*, 2005.

第二章

（1）Crook, *op.cit.*, pp. 54–61.
（2）Lentz, *op.cit.*, 1997, pp. 328–332.
（3）以下、BNF, LE43-3814. Opinion de Boulay de la Meurthe. Séance de la nuit du 19 brumaire an VIII.
（4）山中聡「ブーレ・ド・ラ・ムルトの「ブリュメール一八日」――公民宣誓の改定と革命の終結」『西洋史学』第二七六号、二〇二三年、一七頁。
（5）Ayad-Bergounioux, S., « La ‹ République représentative › selon Antoine Boulay de La Meurthe（1761–1840）: une figure de la bourgeoisie libérale et conservatrice», *Annales historiques de la Révolution française*, n°362, 2010, pp. 31–54.
（6）BNF, LE45-2066. Discours prononcé par Cabanis à la suite du rapport de la commission des sept. Séance du 19 brumaire an VIII.
（7）Lentz, *op.cit.*, 1997, p. 357.
（8）Crook, *op.cit.*, p. 66.
（9）浦田一郎『シエースの憲法思想』勁草書房、一九八七年、二四七～二五二頁。

（10）Guennifey, *op.cit.*, pp. 334–335.

（11）山崎耕一によれば、シィエスは一七九五年憲法草案から一貫して政府と執行権力を区別し、前者が思考もしくは討議を、後者が執行を担当するものとして定義していた。ただし、その定義は必ずしも厳密に適用されてはおらず、政府と執行権力が同義で用いられる場合もみられることから、ここでは執行権力と政府を区別しないでおく。山崎、前掲書、二〇二三年、二四七～二四八頁。

（12）浦田、前掲書、二五六～二六五頁。

（13）Guennifey, *op.cit.*, p. 337.

（14）*Ibid.*, p. 338.

（15）杉本、前掲書、一三五頁。それは総裁政府が実現できなかった安定化を実現しようとする決意表明である。Belissa, M. et Bosc, Y., *Le Consulat de Bonaparte: La fabrique de l'État et la société propriétaire 1799–1804*, Paris, La Fabrique Éditions, 2021, p. 26.

（16）Chappey, *op.cit.*, p. 61.

（17）ジェフリー・エリス著／杉本淑彦・中山俊訳『ナポレオン帝国』岩波書店、二〇〇八年、四二頁。

（18）Woloch, *op.cit.*, p. 45.

（19）エリス、前掲書、三九～四四頁。ここで法の執行に必要な行政命令の制定権が何ら制限なしに政府に認められたことは、革命期からの重要な変化である。Bourdon, J., *La Constitution de l'an VIII*, Rodez, Carrère, 1942, pp. 46–49.

（20）Guennifey, *op.cit.*, pp. 331–332.

（21）Lentz, *op.cit.*, 1997, pp. 398–399. 国務参事院については、岡本託『近代フランスと官僚制——幹部候補行政官の養成一八〇〇～一九一四年』昭和堂、二〇二一年。

（22）Woloch, *op.cit.*, pp. 45–46.

（23）Lentz, *op.cit.*, 1997, pp. 404–406.

（24）Menant, F., *Les députés de Napoléon*, Paris, Nouveaux Monde Éditions, 2012, p. 130.

（25）Collins, I., *Napoleon and his Parliaments 1800–1815*, New York, Palgrave Macmillan, 1979, pp. 22–23.

(26) Menant, *op.cit.*, pp. 137–139.
(27) Giesselmann, W., *Die brumairianische Elite*, Stuttgart, Ernst Klett, 1977, pp. 168–172, 282–284, 426–432.
(28) Serna, *op.cit.*

第三章

(1) Godechot, J., *Les institutions de la France sous la Révolution et l'Empire*, Paris, P.U.F., 1968, p. 589.
(2) Aulard, A., *Histoire politique de la Révolution française: origines et développement de la démocratie et de la République* (*1789–1804*), Paris, Armand Colin, 1901 (5ème édition, 1913), p. 875. Lefebvre, G., *Napoléon*, Paris, Félix Alcan, 1936 (6ème édition, 1969), p. 89.
(3) Lentz, *op.cit.*, 1999, p. 428.
(4) Godechot, *op.cit.*, pp. 102, 320, 470–471.
(5) *Ibid.*, pp. 105–106, 321.
(6) Brassart, L. et Jessenne, J.-P., « Les préoccupations et les actions ordinaires des municipalités rurales au temps des révolutions (France du Nord. 1789–1830) », dans Brassart, L., Jessenne, J.-P. et Vivier, N., dir., *Clochemerle ou république villageoise ? La conduite municipale des affaires villageoises en Europe XVIIIe–XXe siècle*, Villeneuve d'Ascq, Presses Universitaires du septentrion, 2012, pp. 72, 79–80.
(7) Godechot, *op.cit.*, pp. 472–473.
(8) Archives parlementaires, 2ème série, tome 1 (以下、Archives parlementaires), pp. 148–231 (一八〇〇年二月七〜一七日、護民院と立法院における共和国の領土の区分と地方行政の組織に関する法案の審議).
(9) Archives parlementaires, pp. 187–189 (一八〇〇年二月一一日、護民院における議員モンジェの発言).
(10) Archives parlementaires, pp. 192–202 (一八〇〇年二月一三日、護民院における議員デュドネの発言).
(11) Godechot, *op.cit.*, pp. 587–590.
(12) Dumesnil, J., *De l'organisation et des attributions des Conseils généraux du département et des Conseils d'arrondissement*, Paris, E. Dentu,

Librairie-Éditeur, 1852, tome 1, p. 34.

（13）Godechot, *op.cit.*, pp. 592–593.

（14）Conrad, O., *Le Conseil général du Haut-Rhin au XIXe siècle: les débuts d'une collectivité territoriale et l'influence des notables dans l'administration départementale*（*1800–1870*）, Strasbourg, Presses Universitaire de Strasbourg, 1998, pp. 29–30.

（15）Duquenel, *Lois municipales, rurales, administratives et de police, dictionnaire municipal*, Paris, L'Auteur, 1830–1831, 2ème édition, 1839, tome 1, p. 114.

（16）Fournier, G., *Démocratie et vie municipale en Languedoc, du milieu du 18e siècle au début du 19e siècle*, Toulouse, Les Amis des Archives do la Haute-Garonne 1994, pp. 156–157.

（17）Archives parlementaires, pp. 187–189（一八〇〇年二月一二日、護民院における議員モンジェの発言）.

（18）Archives parlementaires, pp. 192–202（一八〇〇年二月一三日、護民院における議員デュドネの発言）.

（19）Archives parlementaires, p. 230（一八〇〇年二月一七日、立法院における国務参事官シャプタルの発言）.

（20）Archives parlementaires, p. 169（一八〇〇年二月七日、立法院で国務参事官レドレルにより弁明される法案理由）.

（21）*Ibid.*, p. 170.

（22）Archives parlementaires, pp. 182–184（一八〇〇年二月一二日、護民院における委員代表ドヌーの報告）.

（23）なお、革命期の国有財産売却はその後、一九世紀前半に活発となった土地転売により、農民の所有地の増大をもたらすことになった。服部春彦『経済史上のフランス革命・ナポレオン時代』多賀出版、二〇〇九年、八一～一〇四頁。

（24）Archives parlementaires, pp. 220–221（一八〇〇年二月一六日、立法院における国務参事官レドレルの発言）. 村上順「フランス革命期行政裁判制度研究試論――総裁政府における行政官＝裁判制度の変容」『神奈川法学』第一四巻第一号、一九七八年、六三～一二八頁。同「ナポレオンの行政裁判制度」『神奈川大学法学研究所研究年報』第四号、一九八三年、五七～七一頁。

（25）Archives parlementaires, p. 170（一八〇〇年二月七日、立法院で国務参事官レドレルにより弁明される法案理由）.

（26）Hermant, M., « Chacun prêche pour sa paroisse: les difficultés d'application de la loi sur la circonscription paroissiale à Provins（1790–1792）», dans Guermazi, A., Le Quand, J.-L. et Martin, V., *Exécuter la loi*（*1789–1804*）, Paris, Éditions de la Sorbonne, 2018,

p. 238.

(27) Chappey, *op.cit.*, p. 68.

(28) Archives parlementaires, p. 230（一八〇〇年二月一七日、立法院における国務参事官シャプタルの発言）.

(29) Archives parlementaires, p. 169（一八〇〇年二月七日、立法院で国務参事官レドレルにより弁明される法案理由）.

(30) Archives parlementaires, p. 194（一八〇〇年二月一三日、護民院における議員デュドネの発言）.

(31) Archives parlementaires, p. 211（一八〇〇年二月一四日、護民院における議員デルピエールの発言）.

(32) 以下、Archives parlementaires, pp. 179–181（一八〇〇年二月一一日、護民院における委員代表ドヌーの報告）.

(33) BNF, LE51-45. Tribunat, discours prononcé par perrières sur la mise en activité de la Constitution, p. 39（一八〇〇年二月一三日、護民院における議員ジレの発言）.

(34) Archives parlementaires, p. 209（一八〇〇年二月一四日、護民院における議員ガニルの発言）.

(35) BNF, LE51-45. Tribunat, discours prononcé par perrières sur la mise en activité de la Constitution, p. 40（一八〇〇年二月一三日、護民院における議員ジレの発言）. ここでジレは、モンテスキューの『法の精神』で、かつてのヨーロッパにおける小規模の主権国家にみられた人口増加と、その後のそれらの合併による人口減少が論じられていることを引き合いに出して、郡行政よりも小郡行政の方が繁栄の可能性があると主張している。モンテスキュー著／野田良之他訳『法の精神（中）』岩波文庫、一九八九年、第四部第二三編第二四章、三八七〜三八八頁。

(36) Archives parlementaires, pp. 221–222（一八〇〇年二月一六日、立法院における国務参事官レドレルの発言）.

(37) Note sur les communes dictée à Lucien Bonaparte par Napoléon, le 25 décembre 1799, *Correspondance de Napoléon 1er*, t. 6, nº 4774, p. 65 (Lentz, *op.cit.*, 1999, p. 430).

(38) Archives parlementaires, p. 224（一八〇〇年二月一七日、立法院における国務参事官デルピエールの発言）.

(39) BNF, LE51-45. Tribunat, discours prononcé par perrières sur la mise en activité de la Constitution, p. 41（一八〇〇年二月一三日、護民院における議員ジレの発言）.

(40) ただし、デルピエールは、本来であれば、市町村の公職者が選挙で選ばれることが望ましいとして、平和と秩序が再建された暁には、市民がそれらの選挙に参加することが有益であるとの見通しを述べている。Archives

parlementaires, pp. 225–226（一八〇〇年二月一七日、立法院における護民院代表デルピエールの発言）.
（41）Archives parlementaires, pp. 184–185（一八〇〇年二月一二日、護民院における委員代表ドヌーの報告）.
（42）Archives parlementaires, p. 223（一八〇〇年二月一六日、立法院における国務参事官レドレルの発言）.
（43）Brown, *op.cit.*, p. 26.
（44）Jessenne, J.-P., *Pouvoir au village et Révolution: Artois, 1760–1848*, Lille, Presses Universitaires du Septentrion, 1987, p. 130. Agulhon, M., *La vie sociale en Provence intérieure au lendemain de la Révolution*, Paris, Société des Etudes Robespierristes, 1970, p. 405.
（45）Archives parlementaires, p. 187（一八〇〇年二月一二日、護民院における議員モンジェの発言）.
（46）プリュヴィオーズ法により設立された地方行政の実質的な機能と地方行政官の社会経済的性格の変化に関しては、拙著『ナポレオン時代の国家と社会――辺境からのまなざし』刀水書房、二〇二一年を参照。

第四章

（1）これまで、notables communaux は「市町村（コミューン）名士」と訳されてきたが、憲法上は市町村（コミューン）ではなく郡（arrondissement communal）の公職候補者が問題となるので、本書では「郡名士」と訳したい。ただし、郡名士には、郡レヴェルの公職候補者だけでなく、市町村レヴェルの公職候補者も含まれていたことには留意しなければならない。当初、一七九九年憲法では郡が最下層の行政区画として構想されていたが、その後、共和暦八年プリュヴィオーズ二八日法では、郡の下に市町村が制度化されたので、名士リスト制度が作り上げられていくなかで、notables communaux は事実上、郡と市町村の公職候補者として位置づけられるようになった。したがって、本書で「郡名士」と言う場合には、郡と市町村の公職候補者を指している。
（2）以下、とくに断りのない限り本節では、Archives Nationales de la France（以下、A.N.）29AP76 Rœderer（共和暦九年ヴァントーズ一三日（一八〇一年三月四日）付の憲法により規定される被選挙人リストの作成と刷新に関する法律）の記述に基づいて議論を進める。
（3）郡長、郡会議員、市町村長、助役がこれに該当する。
（4）県知事、知事室事務総長、県参事会員、県会議員、控訴裁判所、重罪裁判所、第一審裁判所の法官などが該当する。

(5) 統領、大臣、国務参事官、立法院議員、護民院議員、破棄院の法官などが該当する。

(6) A.N. 29AP76 Rœderer（一八〇〇年八月六日付国務参事院会議の議事録）. 国務参事院の議事録は、一八七一年のパリ・コミューンによる火災のためほぼ焼失しており、レドレル私文書群に残されている議事録は史料的にも極めて貴重である。なお、国務参事院の議事録がなぜレドレルの手元にあるかの直接の経緯は知る由がないが、内務部長として、あるいは選挙制度の専門家として、レドレルが革命期から統領政府期に至るまでの選挙関連文書の多くを収集していたものとみられる。その多くには書き込みがなされていることからも、一連の選挙制度に関して彼が相当な研究を重ねていたことがわかる。レドレルを含む国務参事官の私文書群に残される国務参事院関連史料については、Flament-Guelfucci, E. et Chave, I., dir. *Guide de recherche dans les archives du Conseil d'État*, Paris, La documentation française, 2018, pp. 47–49.

(7) A.N. 29AP76 Rœderer（一八〇〇年一〇月八日付国務参事院会議の議論の第一レジュメ）.

(8) A.N. 29AP76 Rœderer（一八〇〇年八月六日付国務参事院会議の議事録）.

(9) A.N. 29AP76 Rœderer（一八〇〇年一〇月八日付第一レジュメ）.

(10) A.N. 29AP76 Rœderer（一八〇〇年一〇月二〇日付第二レジュメ）.

(11) A.N. 29AP76 Rœderer（一八〇〇年一〇月二八日付第三レジュメ）.

(12) A.N. 29AP76 Rœderer（一八〇〇年一一月二五日付国務参事院の議論の決定事項）.

(13) ただし、全国で合わせて三六万人以上を数える市町村会議員はそこに含まれなかった。

(14) A.N. 29AP76 Rœderer（一八〇〇年八月六日付国務参事院会議の議事録）.

(15) Ayad-Bergounioux, S., « De Brumaire à la formation de l'État bureaucratique consulaire: le rôle des républicains conservateurs », *Annales historiques de la Révolution française*, n° 378, octobre-décembre 2014, p. 9. レドレルは国務参事官と統領の関係には「依存関係」、あるいは「討議と決意、議論と決定、論理と意思の間にある類似性」がみられるとして、国務参事官と統領をほぼ対等と捉えていた。さらに言えば、論理をもって議論し法案を作成する主体は国務参事官であり、統領はその決定を下す意思しか求められないとさえ考えていた。A.N. 29AP76 Rœderer（一八〇一年四月七日付国務参事院内務部の報告）.

(16) 以下、A.N. 29AP76 Rœderer（一八〇〇年一二月七日付外務大臣の提案に対する内務部の見解）.
(17) A.N. 29AP76 Rœderer（日付不明レドレルの不在市民の取り扱いに関するメモワール）.
(18) 田村理『投票方法と個人主義――フランス革命にみる「投票の秘密」の本質』創文社、二〇〇六年、九二～九三頁。
(19) Aberdam, S., *Voter, élire pendant la Révolution française 1789–1799*, Paris, CTHS, 2006, p. 25.
(20) Crook, M., *Elections in the French Revolution*, Cambridge, Cambridge University Press, 1996, pp. 35–91.
(21) *Ibid.*, pp. 79–91, 117–157. ただし、総裁政府期の選挙キャンペーンと選挙集会の分裂は、この時期の選挙制度が「近代的な意味で民主政治の見習いの最初の段階」をなしたことを示している。Guennifey, P., *Le nombre et la raison. La Révolution française et les élections*, Paris Editions de l'EHESS, 1993, p. 514.
(22) A.N. 29AP76 Rœderer（『世論の理論』）. リュシアン・ジョーム著／石埼学訳『徳の共和国か、個人の自由か――ジャコバン派と国家 一七九三～九四年』勁草書房、一九九八年、一六一、一六三、一六六頁。
(23) A.N. 29AP76 Rœderer（日付不明レドレルの名士リスト制度に関する一般的考察のメモワール）.
(24) ジョーム、前掲書、一六一～一六八頁。
(25) 以下、A.N. 29AP76 Rœderer（一八〇〇年二月二八日付法案理由）.
(26) イデオローグの「社会科学」とは、強制することなく、人間が自発的に行動しながらも最良の社会が形成されるしくみを作り出すことであったと言えるだろう。Menichetti, J., « L'écriture de la Constitution de l'an VIII: quelques réflexions sur l'échec d'un mécanisme révolutionnaire », *Napoleonica. La Revue*, n°18, 2013, p. 78.
(27) 以下、A.N. 29AP76 Rœderer（一八〇〇年三月四日付立法院での法案に対する国務参事官レドレルの弁明）.
(28) ルソー著／桑原武夫・前川貞次郎訳『社会契約論』岩波文庫、一九五四年を参照。
(29) Coppolani, J.-Y., *Les élections en France à l'époque napoléonien*, Paris, Albatros, 1980, pp. 213–215.
(30) Crook, *op.cit.*, 1996, pp. 54–157.
(31) 以下、Archives départementales des Hautes-Pyrénées 3M1（オート・ピレネー県の郡、県、全国名士リスト）に基づく。
(32) Giovanazzi, A., « La politique pétitionnaire des institutions locales napoléoniennes: le cas du département de l'Isère（1800–1815）», *Annales historiques de la Révolution française*, n°386, octobre-décembre 2016, p. 93.

(33) A.N. C/I/615（一八〇一年七月から一八〇二年四月にかけて護民院に寄せられた名士リストに関する苦情）.

(34) A.N. C/I/615（一八〇一年一〇月三〇日付アリエ県ブルボン＝ラルシャンボー小郡治安判事の苦情）.

(35) A.N. C/I/615（一八〇一年一一月二〇日付ウール＝エ＝ロワール県ソワセ村の村長と助役の苦情）.

(36) A.N. C/I/615（一八〇一年七月一四日付ガール県ロクモール小郡治安判事の苦情）.

(37) A.N. C/I/615（日付不明オート＝ピレネー県トリ小郡住民の苦情）.

(38) A.N. C/I/615（一八〇一年一一月二五日付アリエージュ県パミエ市民の苦情）.

(39) A.N. C/I/615（一八〇一年一一月二〇日付タルン＝エ＝ガロンヌ県モントバン市長と助役の苦情）.

(40) A.N. 29AP76 Rœderer（一八〇〇年三月四日付弁明）.

(41) ナポレオン時代の選挙制度の全体的な見通しについては、拙稿「ナポレオン時代の選挙制度の理論と構造」『史学研究』第三〇五号、二〇二〇年、一八一～二〇二頁を参照。

第五章

(1) Lentz, *op.cit.*, 1997, p. 357.

(2) Boudon, J.-O., *Ordre et désordre dans la France napoléonienne*, Quercy, Soteca, 2008, pp. 45–51.

(3) Lentz, *op.cit.*, 2001, p. 88.

(4) Boudon, *op.cit.*, 2008, pp. 29–32.

(5) Brown, H. G., « From Organic Society to Security State: the War on Brigandage in France, 1797–1802 », *The Journal of Modern History*, 1997, n°69, p. 694.

(6) Brown, H. G., *Ending the French Revolution from the Terror to Napoleon*, London, University of Virginia Press, 2006, pp. 90–118.

(7) *Ibid.*, pp. 151–233.

(8) *Ibid.*, pp. 316–324.

(9) *Ibid.*, pp. 330–338.

(10) 松嶌明男『礼拝の自由とナポレオン――公認宗教体制の成立』山川出版社、二〇一〇年。同『図説ナポレオン――

政治と戦争 フランスの独裁者が描いた軌跡』河出書房新社、二〇一六年、八七～一〇二頁。

(11) 正本忍「一七二〇年のマレショーセ改革――フランス絶対王政の統治構造との関連から」『史学雑誌』第一一〇編第二号、二〇〇一年、一～三六頁。Emsley, C., *Gendarmes and State in Nineteenth-Century Europe*, Oxford, Oxford University Press, 1999, p. 20.

(12) Brown, *op.cit.*, 1997, p. 666.

(13) Brown, *op.cit.*, 2006, pp. 192–195.

(14) Lignereux, A., *La France rébellionnaire: les résistances à la gendarmerie* (*1800–1859*), Rennes, Presses Universitaires de Rennes, 2008, pp. 58–59.

(15) Boudon, *op.cit.*, 2008, p. 79.

(16) *Ibid.*, p. 80.

(17) エリス、前掲書、八〇頁。

(18) 岡本、前掲書、二四五～二五一頁。BNF, LE43-1999. Opinion de Cabanis sur la nomination des juges du tribunal de cassation, le 2 prairial an VI（一七九八年五月二一日）.

(19) Godechot, *op.cit.*, 1968, p. 524.

(20) Archives parlementaires, pp. 382–387（一八〇〇年三月一四日、護民院における議員ジャン＝ニコラ・デムニエの発言）.

(21) Godechot, *op.cit.*, 1968, pp. 521–522.

(22) Archives parlementaires, pp. 407–412（一八〇〇年三月一五日、護民院における議員ガニルの発言）.

(23) Boudon, *op.cit.*, 2008, pp. 85–88.

(24) 岡本、前掲書、三〇四頁。

(25) 上垣豊『ナポレオン――英雄か独裁者か』山川出版社、二〇一三年、四五頁。

あとがき

なぜ今「ブリュメール一八日」を主題に取り上げようと思ったのか。

今日、国際情勢が大きく変動し、我々が当然のごとく享受してきた日常生活は喪失の兆しをみせ、政治不信は絶頂に達している。こうしたなか、自らの社会経済的地位の保全のみに関心を向ける人々の様は、どこかブリュメール一八日を招いた人々の精神構造を偲ばせる。

革命の末期、革命家たちは共和政の維持や代表制の擁護などを口実に、ブリュメール一八日を受け入れていった。しかし一皮剝けば、彼らの精神構造に通底したのは革命期に獲得した地位と財産を保持しようとする欲望にほかならなかった。あるいは、ブリュメール派にとってみれば、革命を終わらせるためには、私的利益への欲望を人々の結集軸にすることで、社会を非政治化する以外に方法がなかったのかもしれない。そうであれば、私的利益を軸にした社会の非政治化こそがナポレオン体制の歴史的使命であったと言えるのではないだろうか。

革命の一〇年の間、革命家たちはそもそも革命とは何であったかと何度も自問したに違いない。結局、ブリュメール一八日を受け入れた人々にとって、自らの能力に相応しい地位と財産を獲得し、死守することこそが、革命を生き抜くことを意味したのである。そして、社会的動乱を乗り越えるために、人々が最終的に選び取ったのは、かくあるべき理念ではなく、目の前の利益を守ってくれるプラグマティックな権威主義体制にほかならなかったのである。

　現代社会において、理想や理念が語られることはほとんどない。人々の関心は、衰退が感じられる社会で生き残るために、目先の利益のみに向けられているようである。そうした人々の精神構造が何をもたらし、何を失わせるのかを考えるうえで、ブリュメール一八日は現代を生きる我々にとって、真に示唆に富む歴史的な出来事であると言えよう。

　以上を念頭に、筆者が本書を執筆するにあたってとくに重視したのは、ナポレオンを極力描かないことであった。したがって、読者のなかには、ナポレオンへの言及のあまりの少なさに驚かれた方、あるいは落胆された方がいるかもしれない。しかし、コルシカの小貴族の倅《せがれ》が、軍事的才能を発揮して、野心の赴くままに権力を獲得し、フランス皇帝の座にのぼりつめたという従来の語りでは、あたかもブリュメール一八日がナポレオン個人の「偉業」であったかのような錯覚に陥ってしまうだろう。しかしながら、それではブリュメール一八日を十分に理解したことにはならない。そうした語りが繰り返し再生産されないためにも、またそうした語りが見落としてきた部分に光をあてるためにも、できるだけナポレオンに言及せずにブリュメール一八日を描くことが必要であった。この大胆な（無謀な？）試みが成功したかどうかの判断は読者に委ねたい。

　なお、統領政府期以降のナポレオン体制の性格変化については、前著『ナポレオン時代の国家と社会――辺境からのまなざし』（刀水書房、二〇二一年）で詳しく論じている。専門書ではあるが、ブリュメール一八日で創設された行政制度、選挙制度、治安維持機構が実際にどのように機能したのかが具体的に論じられているので、本書でナポレオン時代に関心を持たれた方には是非手に取っていただきたい。

本書のうち、第三章は、「共和暦八年プリュヴィオーズ二八日法からみるブリュメール派の統治理念」『史学研究』第三二五号、二〇二三年、一～二五頁をもとに、本書の読者層を想定して全面的に書き直している。第四章は、「名士リスト制度論――ブリュメール派の統治技法」『歴史学研究』第一〇二〇号、二〇二二年、一～一七頁が初出、第一章、第二章、第五章は書き下ろしである。

本書を執筆するにあたっては、慶應義塾大学出版会の気鋭の編集者村上文さんのお世話になった。村上さんとは、クリスティーヌ・ル・ボゼック著『女性たちのフランス革命』(慶應義塾大学出版会、二〇二二年)の翻訳出版で初めて「タッグ」を組ませていただいたが、今回、本書の企画の意義を真っ先にご理解くださり、出版に向けて後押しいただいた。実は、本書の草稿段階では、より専門的な内容であったが、「できるだけ歴史好きの一般読者のために」との村上さんの熱い一声のもと、読みにくい箇所や難解な部分の的確なご指摘をもらいながら、本書の推敲にあたることができた。校正者の中村孝子さんにも大変丁寧かつ緻密な校正作業をしていただいた。ここに改めて謝辞を述べたい。

加えて、京都大学大学院文学研究科の石原香さんには、コロナ禍で国内移動もままならない時期に史料収集の一部を手伝っていただいた。また、前著からあまり間をあけずに本書を刊行できたのは、ひとえに福岡女子大学の同僚の先生たちのサポートがあったからである。この場を借りて心より御礼申し上げる。

最後に、育児に追われながらも筆者の研究活動を献身的に支えてくれている妻と、心の安らぎを与えてくれる息子と娘に感謝の気持ちを伝えたい。いつもありがとう。

二〇二四年三月

藤原翔太

人名索引

ア行

アルヌー　Arnould, Ambroise Henry　52
アンギャン公　Duc d'Enghien　168–169
イスナール　Isnard, Achille-Nicolas　166
ヴァス　Vasse-Saint-Ouen, Thomas　161–162
ヴォルネ　Volney, Constantin François Chasseboeuf　27, 71
オジュロー　Augereau, Charles Pierre François　24, 28, 38
オッシュ　Hoche, Louis Lazare　24

カ行

カドゥーダル　Cadoudal, Georges　151, 168
ガニル　Ganilh, Charles　95, 164
カバニス　Cabanis, Pierre Jean Georges　24, 27, 41–42, 51–52, 55–56, 64, 71, 160
ガラ　Garat, Dominique Joseph　27, 52, 57
カルノー　Carnot, Lazare　21
ガングネ　Ginguené, Pierre-Louis　72, 166
ガントーム　Ganteaume, Honoré Joseph Antoine　70
カンバセレス　Cambacérès, Jean-Jacques-Régis　38, 43, 63, 161
キネット　Quinette, Nicolas-Marie　38
クレテ　Crétet, Emmanuel　80
ゴイエ　Gohier, Louis-Jérôme　31, 48
コルヌデ　Cornudet, Joseph　71
コルネ　Cornet, Mathieu-Augustin　39, 71
コンスタン　Constant, Benjamin　25, 166–167

サ行

シイエス　Sieyès, Emmanuel-Joseph　18, 21, 25–28, 31–41, 44, 48–49, 51, 55–68, 72, 74–75, 77, 106–107, 142, 172
シェニエ　Chénier, Marie-Joseph　52, 56, 166–167
シャザル　Chazal, Jean-Pierre　39–40, 52, 56–57, 72, 166–167
シャシロン　Chassiron, Pierre-Charles Martin　52
シャプタル　Chaptal, Jean-Antoine　77, 80–81, 88, 92, 116
シャボー＝ラトゥール　Chabaud Latour, Antoine Georges François　56–57
ジュールダン　Jourdan, Jean-Baptiste　28, 30, 33, 38, 40
ジラルダン　Girardin, Louis-Stanislas　164
ジレ　Gillet, Jean-Claude Michel　95, 98
スタール夫人　Germaine de Staël (Madame de Staël)　25–26
セディエ　Sédillez, Mathurin　52, 164

タ行

タレーラン　Talleyrand-Périgord, Charles-Maurice　27, 35–37, 41, 62, 70, 117, 147
デュコ　Ducos, Roger　32, 48, 51, 65
デュシェーヌ　Duchesne, Pierre-François　129
デュドネ　Dieudonné, Christophe　83–84, 88, 94
デュボワ　Dubois, Louis-Nicolas　142
デルピエール　Delpierre, Antoine-François　81, 97–98
ドヌー　Daunou, Pierre-Claude-François　14, 18, 20, 41, 56–57, 72, 80, 89–90, 94–95, 99, 162–163, 166–167
ドフェルモン　Defermon, Jacques　70
トレヤール　Treihard, Jean-Baptiste　31

ナ行
ナポレオン・ボナパルト　Napoléon Bonaparte　5–9, 20–21, 24, 26–31, 33–37, 39, 44, 47–51, 55–56, 61–64, 67–68, 70, 72, 74–77, 96–97, 112, 117, 139, 142–144, 146–147, 151, 153–155, 157, 161, 167–169, 172–176
ヌシャトー　Neufchâteau, François de　27

ハ行
バブーフ　Babeuf, François Noël　22–23, 29
バラス　Barras, Paul　20–21, 24, 32, 48
バルテルミ　Barthélemy, François　23–24, 33
バルベ＝マルボワ　Barbé-Marbois, François　23
ピシュグリュ　Pichegru, Charles　23
フーシェ　Fouché, Joseph　33, 38, 43–44, 70, 143
ブリュン　Brune, Guillaume　70, 151
フルクロワ　Fourcroy, Antoine-François　112, 116
ブーレー　Boulay de la Meurthe　34, 39–40, 51–57, 62–63, 70–71, 112
ベルジエ　Bergier, Antoine　161–162
ベルティエ　Berthier, Louis-Alexandre　70
ベルトレ　Berthollet, Claude-Louis　71
ボナパルト，ジョゼフ　Bonaparte, Joseph　27, 33, 35–37, 44, 72
ボナパルト，リュシアン　Bonaparte, Lucien　27, 35–38, 43, 48–50, 56, 69–70, 96
ボワシ・ダングラ　Boissy d'Anglas, François-Antoine　14, 16–17

マ行
ミュラ　Murat, Joachim　50
ムーラン　Moulin, Jean-François　28, 32, 48
メルラン・ド・ドゥエ　Merlin de Douai, Philippe-Antoine　31
モンジェ　Mongez, Antoine　81, 83–84, 87, 103
モンジュ　Monges, Gaspart　71
モンテスキュー　Montesquieu, Charles-Louis de Secondat　95

ラ行
ラプラス　Laplace, Pierre-Simon　71
ラ・レヴェリエール＝レポー　La Révellière-Lépeaux, Louis-Marie　14, 21, 24, 31
ルニョー　Regnaud de Saint-Jean-d'Angély　34–35, 37, 71
ルイ＝フィリップ　Louis-Philippe d'Orléans　22
ルイ16世　Louis XVI　37
ルイ18世　Louis XVIII　13, 22, 136, 176
ルソー　Rousseau, Jean-Jacques　129–130
ルトゥルヌール　Le Tourneur, Étienne-François　21, 23
ルノワール＝ラロシュ　Lenoir-Laroche, Jean-Jacques　57
ルブラン　Lebrun, Charles-François　63
ルーベル　Reubell, Jean-François　21, 24, 30, 31
ルメルシエ　Lemercier, Louis-Nicolas　38–39, 52, 57, 71
レアル　Réal, Pierre-François　71
レドレル　Rœderer, Pierre-Louis　27, 34–37, 39, 41, 57, 59, 61–63, 70–71, 77, 80–81, 88–89, 91, 93–94, 96, 99, 106–107, 112, 114, 116–119, 122–131, 138–189
レナール　Reinhard, Charles-Frédérc　38
レニエ　Régnier, Claude Ambroise　39, 48, 52, 57, 71, 158
ローサ　Laussat, Pierre-Clément　57
ロベスピエール　Robespierre, Maximilien　12–13, 40, 73, 171–172

関連年表（フランス革命～第三共和政成立）

西暦	月日	出来事
1787	2月22日	・名士会議召集
1789	5月5日	・全国三部会開会
	6月17日	・第三身分代表、国民議会設立を宣言
	7月9日	・憲法制定国民議会成立
	7月14日	・バスティーユ襲撃事件
	8月4日	・封建的特権の廃止宣言
	8月26日	・人権宣言採択
1790	7月12日	聖職者民事基本法成立
1791	6月20日	・ヴァレンヌ逃亡事件
	9月3日	・1791年憲法成立
	9月30日	・憲法制定国民議会解散
	10月1日	・立法議会開会
1792	8月20日	・テュイルリー宮殿襲撃、王権停止
	9月21日	・国民公会開会、王政廃止の宣言
	9月22日	・第一共和政成立
1793	1月21日	・ルイ16世処刑
	2月13日	・第一次対仏大同盟成立
	3月10日	・ヴァンデの反乱開始
	5月31日	・パリ民衆、国民公会包囲
	6月2日	・パリ民衆、国民公会再度包囲、ジロンド派議員の逮捕決定
	6月	・各地でフェデラリスム（連邦主義）の運動勃発
	6月24日	・1793年憲法成立
	8月23日	・国民総動員令の決定
	9月29日	・一般最高価格令の制定
	10月5日	・革命暦採用
	12月4日	・フリメール14日の法令可決（革命独裁の制度化）
1794	7月27日	・テルミドール9日のクーデタ
	7月28日	・ロベスピエール派の処刑

1794	11月12日 12月24日	◎パリのジャコバン・クラブ閉鎖 ◎一般最高価格令の廃止
1795	4月1日 5月20日 8月22日 10月5日 10月26日 10月26日	◎ジェルミナルの蜂起 ◎プレリアルの蜂起 ◎1795年憲法（共和暦三年憲法）成立 ◎ヴァンデミエール13日の蜂起 ◎国民公会解散 ◎総裁政府成立
1796	5月10日	◎バブーフの陰謀発覚
1797	9月4日 10月18日	◎フリュクティドール18日のクーデタ ◎カンポ・フォルミオの和約締結
1798	5月11日 5月19日 12月29日	◎フロレアル22日のクーデタ ◎ナポレオンのエジプト遠征に向けフランス艦隊がトゥーロン出航 ◎第二次対仏大同盟成立
1799	6月18日 10月9日 11月9日 12月13日 12月25日	◎プレリアル30日のクーデタ ◎ナポレオンのフレジュス上陸 ◎ブリュメール18日のクーデタ ◎1799年憲法（共和暦八年憲法）成立 ◎統領政府成立
1800	6月14日	◎マレンゴの戦い（第二次イタリア遠征）でフランス軍勝利
1801	7月15日	◎コンコルダの締結
1802	3月25日 8月4日	◎アミアンの和約締結 ◎終身統領政成立
1804	3月21日 5月18日	◎フランス民法典（ナポレオン法典）成立 ◎第一帝政（世襲帝政）成立
1805	12月2日 12月31日	◎アウステルリッツの戦い（三帝会戦） ◎革命暦廃止
1806	11月21日	◎ベルリン勅令（大陸封鎖令）布告

1807	8月19日	護民院廃止決定
	11月	スペイン戦役開始
1808	3月1日	帝政貴族創設
1812	6月	ロシア戦役開始
1813	10月18日	ライプチヒの戦いでフランス軍敗北
1814	4月2日	ナポレオン皇帝退位の決定
	5月3日	第一次復古王政成立
1815	3月20日	ナポレオンのパリ帰還（百日天下）
	6月18日	ワーテルローの戦い
	6月22日	ナポレオン二度目の皇帝退位
	7月7日	第二次復古王政成立
	10月16日	ナポレオンのセント・ヘレナ上陸
1830	7月27～29日	七月革命
1848	2月22～24日	二月革命、第二共和政成立
1851	12月2日	ルイ＝ナポレオン・ボナパルトによるクーデタ
1852	12月2日	ナポレオン三世即位、第二帝政成立
1871	8月31日	第三共和政成立

藤原 翔太（ふじはら　しょうた）
1986年生まれ、島根県出身。2016年トゥールーズ・ジャン・ジョレス大学博士課程修了（フランス政府給費留学）、博士（歴史学）。
現在、広島大学大学院人間社会科学研究科准教授。
著作に、『ナポレオン時代の国家と社会――辺境からのまなざし』（刀水書房、2021年）、『東アジアから見たフランス革命』（共著、風間書房、2021年）、訳書にクリスティーヌ・ル・ボゼック『女性たちのフランス革命』（慶應義塾大学出版会、2022年）など。

ブリュメール18日
――革命家たちの恐怖と欲望

2024年４月25日　初版第１刷発行

著　者――――藤原翔太
発行者――――大野友寛
発行所――――慶應義塾大学出版会株式会社
〒108-8346　東京都港区三田2-19-30
TEL〔編集部〕03-3451-0931
〔営業部〕03-3451-3584〈ご注文〉
〔　〃　〕03-3451-6926
FAX〔営業部〕03-3451-3122
振替　00190-8-155497
https://www.keio-up.co.jp/
装　丁――――成原亜美
組　版――――株式会社キャップス
印刷・製本――中央精版印刷株式会社
カバー印刷――株式会社太平印刷社

Printed in Japan ISBN978-4-7664-2959-6

慶應義塾大学出版会

女性たちのフランス革命

クリスティーヌ・ル・ボゼック著／藤原翔太訳

パンと武器のために立ち上がれ！　「自由・平等・友愛」の社会を目指したフランス革命は女性たちにとって何を意味したのか。政治に覚醒した市井の女性たちの「リアル」を明らかにする。

四六判／上製／224頁
ISBN 978-4-7664-2794-3
定価 2,640円（本体 2,400円）
2022年1月刊行

◆主要目次◆

はじめに
第Ⅰ部　フランス革命前夜の女性たち
第1章　女性とサロン
第2章　女性の権利と従属
第3章　自立へのほんのわずかな可能性
第Ⅱ部　革命期の女性たち
第4章　革命の舞台に飛び込む女性たち
第5章　一七九三年春と夏に絶頂を迎える急進的運動
第6章　一七九三年秋、反撃される女性たち
第7章　闘い続ける女性活動家
第Ⅲ部　公共生活から排除される女性たち
第8章　暗い未来
第9章　問題の両義性
第10章　停滞と後退の三〇年　一七九九～一八三〇年
おわりに
註
訳者あとがき
文献案内
フランス革命関連年表